U0457196

建设工程总承包合同

400问

JIANSHE GONGCHENG
ZONGCHENGBAO HETONG
400WEN

徐宝洲｜编著

中国电力出版社
CHINA ELECTRIC POWER PRESS

内 容 提 要

本书是一本实务用书，系统梳理了工程总承包合同纠纷中的常见问题，并提出理解思路和处理方法建议，旨在为在工程建设者提供参考。全书包括概论、合同主体、违规行为、招标投标、合同效力、工程价款、竣工结算、优先受偿权、工程质量、工期、争议解决等内容。

本书可供建设工程从业人员及相关人员学习和参考。

图书在版编目（CIP）数据

建设工程总承包合同 400 问/徐宝洲编著 . —北京：中国电力出版社，2023.2
ISBN 978 - 7 - 5198 - 7397 - 4

Ⅰ. ①建… Ⅱ. ①徐… Ⅲ. ①建筑工程—承包合同—中国—问题解答 Ⅳ. ①D923.65

中国版本图书馆 CIP 数据核字（2022）第 243051 号

出版发行：中国电力出版社
地　　址：北京市东城区北京站西街 19 号（邮政编码 100005）
网　　址：http://www. cepp. sgcc. com. cn
责任编辑：王晓蕾（010 - 63412610）　杨芸杉
责任校对：黄　蓓　郝军燕
装帧设计：王红柳
责任印制：杨晓东

印　　刷：北京雁林吉兆印刷有限公司
版　　次：2023 年 2 月第一版
印　　次：2023 年 2 月北京第一次印刷
开　　本：710 毫米×1000 毫米　16 开本
印　　张：14.5
字　　数：240 千字
定　　价：58.00 元

版 权 专 有　侵 权 必 究

本书如有印装质量问题，我社营销中心负责退换

前　言

　　近几年，国家大力推广工程总承包模式。由于目前工程总承包在实施中适用规定的欠缺，以及从业人员对专业知识掌握和理解不到位，导致了很多纠纷出现。针对目前工程总承包领域因合同纠纷引发的一系列问题，依据现行国家法律、行政法规、司法解释、相关部门规章、规范性文件以及出台的相关文件，并结合实际工作中遇到的问题，作者编写了本书。书中采用问答的形式，用通俗易懂的语句归纳了解决问题的方法和建议，并附有一些需要注意的说明。全书包括概述、合同主体、违规行为、合同效力、招标投标、工程价款、工程质量、工期、竣工结算、优先受偿权、争议解决等内容。

　　本书是一本实务用书，系统梳理了工程总承包合同纠纷中的常见问题，并提出理解思路和处理方法建议，旨在为在工程建设者提供参考。还举例说明了一些问题，更便于大家理解。本书充分分析理解问题依据的支撑点和如何参考法律、法规、规章，以及司法解释、规范性文件等资料来解答，同时，对专业术语和一些模糊的概念进行了深入解释，便于责任主体能够正确理解，对违法行为比较忽视的问题也做了详细的解释。

　　"总包之声"前期做的短视频深受众多观看者喜爱，鉴于短视频受时长限制，有些精华内容被精简了，现将原版内容以书的形式分享给读者们。由于时间和能力水平有限，如有不足之处，欢迎广大读者提出宝贵建议。

目 录

第二章 合同主体

第三章 违规行为

第四章 招 标 投 标

第五章 合同效力

第六章 工程价款

第七章 竣 工 结 算

第八章　优先受偿权

第九章 工 程 质 量

第十章 工 期

第十一章 争 议 解 决

第一章

概　　论

1. 工程总承包和施工总承包都是总承包，二者有什么区别？

答：工程总承包是指承包单位与建设单位签订的合同，对工程设计、采购、施工或者设计、施工等阶段实行总承包，并对工程的质量、安全、工期和造价等全面负责的工程建设组织实施方式。工程总承包不仅适用于房屋建筑和市政基础设施领域，对其他领域的建设工程也具有重要的参考意义。

而施工总承包是发包人将全部施工任务发包给具有施工承包资质的建筑企业，由施工总承包企业按照合同的约定向建设单位负责，承包完成施工任务。根据《中华人民共和国建筑法》（以下简称《建筑法》）规定：大型建筑工程或者结构复杂的建筑工程，可以由两个以上的总承包单位联合共同承包。施工总承包的范围不包括设计，而是根据设计单位的设计进行施工，也就是通常说的"按图施工"。

2. EPC 模式具有哪些优势？

答：设计 - 采购 - 施工总承包（engineering - procurement - construction，EPC）模式优势如下：

（1）对发包单位而言，合同关系简单，组织协调工作量小。发包单位只与总承包单位签订合同，合同关系简化。

（2）承包商承担了设计和施工的全部责任，合同责任界面清晰、明确。

（3）一般采用总价合同，有利于控制项目成本。在总价合同模式中，发包单位易于融资，而贷款银行也可确定项目的最终成本。

（4）有利于提高项目采购速度。发包单位将设计和施工招标合二为一，减少了项目采购的时间，提高了效率。

（5）提高了项目实施的效率，缩短工期。工程总承包单位可以在项目投标阶段，通过图纸设计消化"发包人要求"，理解设计和施工的相互衔接问题，制

定合理可行的施工方案和进度计划。

（6）通过优化设计，精细施工，降低工程造价。设计方案经济与否，对工程总价起了决定性的作用。因为合同总价是固定总价的，工程总承包单位必须优化设计，降低造价，才有更大的利润空间。

（7）EPC 总承包单位能提供更专业、高效的管理。项目管理人员都是工程总承包单位的专业团队，管理理念、工作方法一致，相互配合默契，能提供专业、高效的管理团队。

（8）减轻发包单位对工程安全、质量责任的压力。发包单位提出工程项目建设的目标，在工程竣工验收时严格把关，对建设过程的具体细节不过多干预，责任主要由工程总承包单位承担。因此发包单位对工程质量、安全问题的责任较小，将工程质量、安全风险转移给了工程总承包单位。

3. 推行 EPC，对于传统的 DBB 怎么理解？

答：平行发包模式，即设计－招标－建造（design-bid-build，DBB），指由业主委托建筑师或咨询工程师进行前期的各项工作（如进行机会研究、可行性研究等），待项目评估立项后再进行设计。在设计阶段编制施工招标文件，随后通过招标选择承包商；而有关单项工程的分包和设备、材料的采购一般都由承包商与分包商和供应商单独订立合同并组织实施。在工程项目实施阶段，工程师则为业主提供施工管理服务。这种模式最突出的特点是强调工程项目的实施必须按照 DBB 的顺序进行，只有一个阶段全部结束，另一个阶段才能开始。

4.《设计采购施工（EPC）/交钥匙工程合同条件》不适用于哪些情况？

答：（1）如果投标人没有足够时间或资料仔细研究和核查雇主要求，或进行计、风险评估和估算；

（2）如果建设内容涉及相当数量的地下工程，或投标人不能调查的区域内的工程，除非规定特殊条款对未知状况予以说明；

（3）如果雇主要严密监督或控制承包商的工作，或要审核大部分施工图纸。

5.DB 模式的含义和特点是什么？

答：DB 模式即设计 - 建造（design and build，DB）模式，在国际上也称交钥匙模式，在我国称设计 - 施工总承包模式，是在项目原则确定之后，建设单位选定一家单位负责项目的设计和施工。这种方式在投标和订立合同时是以总价合同为基础的。设计 - 建造总承包单位对整个项目的成本负责，总承包单位首先选择一家咨询设计公司进行设计，然后采用竞争性招标方式选择分包单位，当然也可以利用总承包单位的设计和施工力量完成一部分工程。

DB 模式也是为了避免设计和施工的矛盾，显著降低项目的成本和缩短工期。作为建设单位关心的重点是工程是否按合同竣工交付使用，并不在意总承包单位如何去实施。同时，在选定工程总承包单位时，把设计方案的优劣作为主要的评标因素，来确保建设单位获得高质量的工程项目。

6. 在 FIDIC 合同条件背景下的 EPC 是怎么样的？

答：在国际咨询工程师联合会（International Federation of Consulting Engineers，FIDIC）合同条件的背景下说 EPC 总承包，重点在于雇主和承包商之间的风险分配，并不在于承包商的承包范围。如果以 FIDIC 银皮书作为 EPC 总承包的典型合同文本，则所谓的 EPC 总承包模式只能是工程总承包中雇主风险最小而工程总承包商风险最大的一种模式。另外，即使不以 FIDIC 银皮书作为 EPC 总承包的典型合同文本，通常将所有包括设计、采购和施工的承包模式都泛称为 EPC 总承包，那么由于仅包括设计和施工的承包模式也属于工程总承包，所以 EPC 总承包也就是工程总承包的一种模式。工程总承包不等于 EPC 总承包，而是 EPC 总承包是工程总承包的下位概念。

7. 《房屋建筑和市政基础设施项目工程总承包管理办法》 对实际工程中争议很大的若干问题作出哪些明确规定？

答：（1）工程总承包单位应具备双资质。如不具备也可具有相应资质的设

计单位和施工单位组成联合体。

（2）工程项目应根据其性质符合相应的发包条件。《房屋建筑和市政基础设施项目工程总承包管理办法》第7条规定，建设单位应当在发包前完成项目审批、核准或者备案程序。采用工程总承包模式的企业投资项目，应当在核准或备案后进行工程总承包项目发包。采用工程总承包模式的政府投资项目，原则上应当在初步设计审批完成后进行工程总承包项目发包。

（3）利益冲突影响工程总承包单位的资格。工程总承包单位不得使用工程总承包项目的代建单位、项目管理单位、监理单位、造价咨询单位、招标代理单位。且政府投资项目的项目建议书、可行性研究报告、初步设计文件编制单位及其评估单位，除非其相关工作成果由招标人公开，一般不得成为该项目的工程总承包单位。

（4）工程总承包应合理确定价格形成。企业投资项目的工程总承包宜采用总价合同，政府投资项目的工程总承包也应当合理确定合同价格形式。对采用总价合同的，除合同约定可以调整的情形外，合同总价一般不予调整。并未要求所有工程总承包都采用固定总价。

8. 在使用《房屋建筑和市政基础设施项目工程总承包管理办法》时需要注意什么？

答：（1）《房屋建筑和市政基础设施项目工程总承包管理办法》在性质上属于行政规范性文件，对违反该办法而产生的合同效力问题，法院和仲裁机构应根据法律、行政法规的规定予以甄别和判断。

（2）依据政策文件，主要包括《国务院办公厅关于促进建筑业持续发展的意见》（国办发〔2017〕19号）和《关于进一步推进工程总承包发展的若干意见》（建市〔2016〕3号）等，这些文件在《房屋建筑和市政基础设施项目工程总承包管理办法》实施后，针对《房屋建筑和市政基础设施项目工程总承包管理办法》实施前进行招标投标或签约的工程，仲裁机构和法院应依据有效的政策文件，而不能依据《房屋建筑和市政基础设施项目工程总承包管理办法》判断其合规性。

（3）随着《房屋建筑和市政基础设施项目工程总承包管理办法》实施，地方规范和政策文件中的违反该办法的内容应不再适用，有的文件可能会进行相应的修订。

9. 各地方政府出台的关于工程总承包的管理规范有哪些层面？

答：一般主要包括三个层面：

（1）在关于建筑业改革发展的综合性文件中以专项条款的形式对工程总承包加以规范。也就是提出了要加快推行工程总承包模式，装配式建筑原则上也应采用工程总承包模式，政府投资工程应率先带头推行工程总承包；对工程总承包的发包条件、资质等问题作出具体的一些规定。

（2）制定专门的工程总承包规范性文件。也就是对工程总承包的定义、适用范围、发包条件、发包人要求、承包单位资格、招投标等问题作出较全面的规定，还专门对政府投资项目工程总承包制定专门的规范。

（3）针对工程总承包的招标投标等专门问题各个地区制定了相应规范性文件。

10. 工程总承包合同与买卖合同两者都是转移物，两者有什么区别？

答：识别工程总承包合同与买卖合同或承揽合同之间的实质性差异，就总承包合同效力问题而言，其判断标准是此项目中的"总承包人"或"出卖人"是否需要具备建设工程勘察、设计或施工资质。

依据《中华人民共和国民法典》（以下简称《民法典》）第 595 条、第 788 条，两者存在交易对象在签合同时是否已存在的区别，买卖合同是出卖人转移标的物的所有权于买受人，买受人支付价款的合同。交易对象在签订合同时即已存在。而工程总承包合同是承包人进行工程建设，发包人支付价款的合同。交易对象在签订合同时尚不存在，也就是在按发包人要求完成工程建设后方可移交。

还需要注意容易混淆的设备定做的承揽合同，依据《民法典》第 70 条规定，承揽合同是承揽人按照定作人的要求完成工作，交付工作成果，定作人给付报酬的合同。承揽包括加工、定作、修理、复制、测试、检验等工作。建设工程合同属于特殊的承揽合同。

11. 建设工程和建筑工程有哪些区别?

答:建设工程是指为人类生活、生产提供物质技术基础的各类建(构)筑物和工程设施。依据《建设工程质量管理条例》第2条规定,建设工程是指土木工程、建筑工程、线路管道和设备安装工程及装修工程。

建设工程按照自然属性可分为建筑工程、土木工程和机电工程三类,涵盖房屋建筑工程、铁路工程、公路工程、水利工程、市政工程、煤炭矿山工程、水运工程、海洋工程、民航工程、商业与物质工程、农业工程、林业工程、粮食工程、石油天然气工程、海洋石油工程、火电工程、水电工程、核工业工程、建材工程、冶金工程、有色金属工程、石化工程、化工工程、医药工程、机械工程、航天与航空工程、兵器与船舶工程、轻工工程、纺织工程、电子与通信工程和广播电影电视工程等。

建筑工程也是包含在建设工程里的,所以,一定要弄清楚建设工程还是建筑工程。

12. 建筑工程可分为哪些工程?

答:首先我们要知道什么是建筑工程,建筑工程就是指通过对各类房屋建筑及其附属设施的建造和与其配套的线路、管道、设备的安装活动所形成的工程实体。其中,"房屋建筑物"的建造工程包括厂房、剧院、旅馆、商店、学校、医院和住宅等;"附属构筑物设施"指与房屋建筑配套的水塔、自行车棚、水池等;"线路、管道、设备的安装"指与房屋建筑及其附属设施相配套的电气、给排水、暖通、通信、智能化、电梯等线路、管道、设备的安装活动。

建筑工程按照性质可以分为民用建筑工程、工业建筑工程、构筑物工程及其他建筑工程。

建筑工程按照组成结构分为地基与基础工程、主体结构工程、建筑装饰装修工程和室外建筑工程。

建筑工程按照空间位置分为地下工程、地上工程、水下工程、水上工程等。

13. 什么是土木工程，它又分为哪些工程？

答：土木工程是指除房屋建筑以外，为新建、改建或扩建各类工程的建筑物、构筑物和相关配套设施等所进行的勘察、规划、设计、施工、安装和维护等各项技术工作及其完成的工程实体。

土木工程又分为道路工程、轨道交通工程、桥梁涵洞工程、隧道工程、水工工程、矿山工程、架线与管道工程、其他土木建筑。

14. 机电工程可分为哪些工程？

答：机电工程实为机械和电气工程两个专业的统称。

它可分为：机械设备工程、静置设备与工艺金属结构工程、电气工程、自动化控制仪表工程、建筑智能化工程、管道工程、消防工程、净化工程、通风与空调工程、设备及管道防腐蚀与绝热工程、工业炉工程、电子通信及广电工程。

15. 如何理解政府投资项目？

答：政府投资项目是指政府在中国境内使用预算安排的资金进行固定资产投资建设活动，包括新建、扩建、改建、技术改造等；政府采取直接投资方式和资本金注入方式投资的项目。项目单位应当编制项目建议书、可行性研究报告、初步设计，按照政府投资管理权限和规定的程序，报投资主管部门或者其他有关部门审批；政府投资项目未经审批不得擅自开工建设。

16. 如何理解企业投资项目？

答：企业投资项目是指企业在中国境内投资建设的固定资产投资项目。对关系国家安全、涉及全国重大生产力布局、战略性资源开发和重大公共利益等的项目，实行核准管理，其他企业投资项目则实行备案管理。实行备案管理的项目按照属地原则进行备案。企业投资项目未经核准或备案不得开工建设。

17. 工程建设项目审批有哪几个阶段?

答:按照《关于全面开展工程建设项目审批制度改革的实施意见》(国办发〔2019〕11号)的规定,从审批的角度可将工程建设项目审批程序主要划分为立项用地规划许可、工程建设许可、施工许可、竣工验收等四个阶段。

(1)立项用地规划许可阶段:项目审批核准、选址意见书核发、用地审核、用地规划许可证核发等;

(2)工程建设许可阶段:设计方案审查、建设工程规划许可证核发等;

(3)施工许可阶段:设计审核确认、施工许可证核发等;

(4)竣工验收阶段:规划、土地、消防、人防、档案等验收及竣工验收备案等。

需要注意的是,以上流程主要针对房屋建筑和城市基础设施等工程,不包括特殊工程和交通、水利、能源等领域的重大工程。

18. 工程完工与竣工有什么区别?

答:(1)完工:是指总承包单位就工程项目的施工作业均完成。完工后,总承包单位还需要与发包单位进行实际交接,还需要准备提交竣工验收报告。完成了约定的工作,还没有进行各方相关部门和单位检验。

(2)竣工:①广义上可以有完工的意思;②狭义上可以理解为包括现实的转移交付与法律意义上的验收均完成并通过。工程上应该是狭义上的竣工,实际占有与法律意义上经由各相关部门和单位验收并合格的,才可以算真正的竣工。

19. 如何理解瑕疵和瑕疵补正?

答:瑕疵履行是债务人有积极的履行行为,只是由于债务人履行有瑕疵,使债权人的利益遭受损害,故可称为积极的债务违反。

瑕疵能补正的,债权人有权拒绝受领,要求补正,并不负受领迟延责任。因标的物的补正而构成债务人迟延的,债务人应当承担迟延给付的责任。标的

物虽能补正但对债权人已无利益的，债权人得解除合同。经债权人催告而债务人不为补正的，债权人得诉请法院强制执行。

瑕疵不能补正的，债权人得拒绝受领，请求全部不履行的损害赔偿，并可解除合同。债权人如仍愿受领，则可请求部分不履行的损害赔偿。当债务人的瑕疵履行使债权人的其他人身利益或财产利益受到损害时，便构成加害给付。因加害给付而致债权人的其他利益遭受损害的，无论是人身伤害还是财产损失，无论是既得利益的损失还是可得利益的丧失，债务人均应赔偿，当然，此时实际上已构成了侵权责任与违约责任的竞合，债权人可选择行使请求权。

20. 损失与过错之间是否存在因果关系？

答：依据过错责任原则，在确定赔偿责任时，以过错作为确定责任的要件和确定责任范围的依据，是要在确定行为人责任的前提下，在确定责任的大小时，要综合考虑行为人的主观过错程度。在民事主体只能为自己实施行为的损害后果承担相应责任，没有因果关系的损害赔偿责任是不成立的。对建设工程合同无效而言，由于合同无效造成的损失，必须是因导致合同无效的发包单位或者总承包单位的违法行为造成，也就是损失与导致合同无效的过错二者之间具有因果关系。只有在二者间存在因果关系时，行为人才承担相应的民事责任。在实际工作中，确定损失与无效合同之间的因果关系，既包括无效合同的订立，也包括在合同履行过程中当事人违反诚信原则的。即应根据各方当事人违背诚信原则的程度来分清各自责任大小，按照各自的过错，分担损失。

21. 参照合同与按照合同有什么不同？

答：先从字面上理解：

（1）参照：当如果很多不相同的事物需要比较时，就要借助这些事物中共有的形象概念，作为参考与对照标准，用此形象概念的抽象概念比较。也可以理解为参照就是参考并模仿。

（2）按照：跟"说（讲）""说来""来说"等连用，表示先举出所根据的事理或着眼点，再由此作出结论。

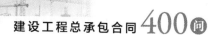

　　《民法典》第793条规定："建设工程施工合同无效，但是建设工程经验收合格的，可以参照合同关于工程价款的约定折价补偿承包人。"这里说的"参照合同约定"是确定折价标准的一种方式而已，需要说明的是"参照合同约定"不等同于"按照合同约定"，也不是按有效合同处理。对"参照合同约定"应进行限制性地理解，仅限于合同中对计价标准的约定，对于在合同约定的支款条件、支款时间、支款方式以及工程款扣减事由以及缺陷质量保证金的扣留及返还等事项，不属于该条司法解释规定的参照范围。

第二章

合 同 主 体

1. 合作建设合同含义和特点是什么？

答：合作建设合同是指依法取得国有土地使用权从事开发建设项目的建设单位，与其他单位之间达成的关于在资金、技术、设备等方面合作建设项目并按一定比例分配建设项目成果或利润的协议，最常见的是合作开发房地产合同。

合作建设合同的一方作为发包单位与工程总包单位签订建设工程总承包合同，工程总承包单位要求合作开发的其他各方对工程总承包合同的债务承担连带责任的，不予支持；但是合作建设合同各方构成合伙关系或共同发包关系等应当承担连带责任的情形除外。

2. 我国目前主要有哪些房地产开发模式？

答：（1）房地产联建：是指提供资金、技术、劳务的一方公司与提供土地的一方公司合作进行建设开发，双方在合同里明确约定按比例分配房屋和土地使用权，并以各自所有或者经营管理的财产承担民事责任的合作建设行为。对内按照合同约定的投资比例共同经营，共担风险，共享利润，对外双方共同互负连带责任。

（2）组建项目开发公司：是指提供资金、技术、劳务的一方公司以组建法人资格的经济实体来合作进行开发建设的行为。合作各方出资成立的项目公司作为发包单位对外签订合同，应由项目公司承担法律责任。

（3）整体产权转移：是指已经获得立项批准的房地产开发项目，在项目公司股东、合作开发的收益人之间，或向他人转让其股权或合作开发权益的行为。如合作方受让项目公司的部分股权或通过项目公司增资扩股而获得项目公司的相应股权，项目公司作为发包单位对外签订合同，应由项目公司对外承担法律责任；如合作方通过项目土地或在建工程资产转让方式，获得项目产权，原项目产权人对外签订合同，需对外承担法律责任，不能要求新项目产权人承担法

律责任，但除非新项目产权人明确同意承接原合同债务。

3. 什么是合伙企业？

答：合伙企业是指自然人、法人和其他组织依照《中华人民共和国合伙企业法》在中国境内设立的，由两个或两个以上的自然人通过订立合伙协议，共同出资经营、共负盈亏、共担风险的企业组织形式。对于合伙企业承担法律责任，根据《民法典》第973条规定："合伙人对合伙债务承担连带责任。清偿合伙债务超过自己应当承担的份额的合伙人，有权向其他合伙人追偿。"

4. 合作开发房地产合同具体如何认定？

答：《关于审理涉及国有土地使用权合同纠纷案件适用法律问题的解释》第24条、第25条、第26条、第27条认定了四类合同：

（1）名为合作开发，实为土地使用权转让。合作开发房地产合同约定提供土地使用权的当事人不承担经营风险，只收取固定利益的，应当认定为土地使用权转让合同。

（2）名为合作开发，实为房屋买卖。合作开发房地产合同约定提供资金的当事人不承担经营风险，只分配固定数量房屋的，应当认定为房屋买卖合同。

（3）名为合作开发，实为借款。合作开发房地产合同约定提供资金的当事人不承担经营风险，只收取固定数额货币的，应当认定为借款合同。

（4）名为合作开发，实为房屋租赁。合作开发房地产合同约定提供资金的当事人不承担经营风险，只以租赁或者其他形式使用房屋的，应当认定为房屋租赁合同。

5. 委托代建项目的代建人作为发包人与总承包人签订工程总承包合同，总承包人向委托人主张权利的，该如何处理？

答：应按照以下情形分别处理：

（1）对于非经营性政府投资项目，政府通过招标方式委托专业化项目管理单位负责建设实施以控制项目投资、质量和工期，竣工验收后移交给使用单位

的委托代建，不予支持。

（2）采用委托代理模式的委托代建项目的，总承包合同签订时，总承包单位知道委托代建关系的存在或代建人向总承包单位披露了委托人，或委托人在建设工程总承包合同履行了发包单位主要义务的，应予以支持。

6. 在代建制试点中的代建合同有哪几种模式？

答：（1）"委托代理"模式：是代建人对项目工程建设施工进行专业化组织管理，并代理委托方采用招标方式签订建设工程总承包、监理、设备采购等合同。该特点为：项目建成后的"使用单位"不是"合同当事人"，项目投资资金的管理权仍然掌握在投资人的手中。

（2）"指定代理"模式：是政府投资主管部门指定代建人作为使用单位的代理人，对项目工程建设施工进行专业化组织管理，并代表使用单位采用招标方式签订建设工程总承包、监理、设备采购等合同。该特点为：投资人（政府投资主管部门）不是"合同当事人"；投资和资金的管理权掌握在使用单位手中。

（3）"三方代建合同"模式：是政府投资管理部门与代建人、使用单位签订"三方代建合同"。三方代建合同，除规定代建人的权利、义务和责任外，还明确规定政府主管部门的权利和义务：对代建人（受托人）的监督权、知情权；提供建设资金的义务。使用单位的权利和义务：对代建人（代理人）的监督权、知情权，对所建设完成的工程和采购设备的所有权；协助义务、自筹资金供给义务。

7. 委托代建合同有什么显著特征？

答：建设工程项目代建制的显著特征在于建设投资单位对实施工程项目的建设管理没有直接操作管理，而是委托给代建单位履行项目管理职责，委托代建合同具有《民法典》规定的委托合同的特征。首先，国家推行代建制，目的是使代建单位作为项目建设期法人，全权负责项目建设工程全过程的组织管理，通过专业化、系统化项目管理形式达到有效规范政府和部门的行为，控制项目投资规模、风险；其次，当工程属于行政强制规定必须委托代建的范畴时，委

托单位不能决定是否委托施工，也不能依据行使委托合同的任意解除权，此类合同带有明显的行政监督管理模式。

8. 委托人与代建人是否就工程款支付承担连带责任？

答：总承包单位原则上不应当向与其没有合同关系的委托单位主张权利，更不应要求委托单位与代建单位承担连带责任。依据《民法典》第 926 条第 2 款规定："受托人因委托人的原因对第三人不履行义务，受托人应当向第三人披露委托人，第三人因此可以选择受托人或者委托人作为相对人主张其权利，但是第三人不得变更选定的相对人。"因此，该种处理途径下，总承包单位只能选择委托单位或代建单位其中之一主张权利，而不能要求两者承担连带责任。但如果委托单位以自己的名义实际履行了发包单位主要义务的，此时不应再作为委托合同看待，而应将委托单位直接作为发包单位看待，总承包单位就可以直接向委托单位主张权利。

9. 工程总承包合同发包单位权利义务一并转让后承担发包单位的责任主体如何确定？

答：根据《民法典》第 555 条规定，经总承包单位同意，发包单位将工程总承包合同中的权利义务一并转让给第三人的，应当由第三人对总承包单位承担发包单位义务，因建设工程合同依法应采用书面形式，故该权利义务的转让理应可以以书面形式予以同意。如果总承包单位没有书面同意，但是总承包单位与第三人已经继续履行原工程总承包合同或总承包单位与第三人重新签订工程总承包合同的，参照《民法典》第 490 条第 2 款之规定："法律、行政法规规定或者当事人约定合同应当采用书面形式订立，当事人未采用书面形式但是一方已经履行主要义务，对方接受时，该合同成立。"应当由第三人对总承包单位承担发包单位义务。未经总承包单位书面同意且总承包单位未与第三人形成总承包合同关系的，应由发包人对总承包单位承担义务。

10. 工程总承包项目的发包单位分立或合并后承担发包单位的责任主体如何确定？

答：依据《中华人民共和国公司法》第 174 条规定："公司合并时，合并各方的债权、债务，应当由合并后存续的公司或者新设的公司承继。"《中华人民共和国公司法》第 176 条规定："公司分立前的债务由分立后的公司承担连带责任。但是，公司在分立前与债权人就债务清偿达成的书面协议另有约定的除外。"再根据《民法典》第 67 条规定："法人合并的，其权利和义务由合并后的法人享有和承担。法人分立的，其权利和义务由分立后的法人享有连带债权，承担连带债务，但是债权人和债务人另有约定的除外。"

因此，在工程总承包合同履行中，依据法律规定，如果发包单位依法合并，则由合并后的法人承担责任；发包单位依法分立，除总承包单位与分立后的主体另行签订工程总承包合同外，应当由分立后的全部主体对总承包单位承担连带责任。

11. 工程总承包合同，发包单位债务加入后承担发包单位的责任主体如何确定呢？

答：在工程总承包合同履行过程中，如果发包单位、工程总承包单位与第三人签订协议，或第三人与工程总承包单位达成双方协议，或第三人向工程总承包单位单方承诺，由第三人履行工程总承包合同中发包单位的义务，同时不免除发包单位履行义务的，除第三人、发包单位与工程总承包单位对责任区分有特别约定外，构成债务加入，实质上第三人与发包单位成为工程总承包合同中的共同发包单位，应当由发包单位和第三人共同对工程总承包单位承担责任。第三人应当享有发包单位对总承包单位的抗辩权。

12. 如何理解"合同承受"以及其具备哪些要件？

答：合同承受是指当事人一方经对方同意，可以将自己在合同中的权利和义务一并转让给第三人。但合同承受要发生法律效力，还需具备以下四个要件：

（1）需有合法有效的合同存在。合同未成立生效或合同已终止，合同承受因失去前提而不能成立；合同无效，依合同产生的权利义务视为自始未发生，因而也不能成立合同承受。

（2）同应为双务合同，否则只能成立债权转让或债务转移。

（3）原合同当事人一方与第三人必须就合同承受达成协议，且该协议应符合民事法律行为有效要件。

（4）必须经原合同当事人对方同意。此外，必须依法经有关机关批准方能成立的合同，合同承受须经原批准机关批准。

13. 如何理解 "债务加入" 以及其构成哪些要件？

答：依据《民法典》第552条规定："第三人与债务人约定加入债务并通知债权人，或者第三人向债权人表示愿意加入债务，债权人未在合理期限内明确拒绝的，债权人可以请求第三人在其愿意承担的债务范围内和债务人承担连带责任"。这条规定明确了第三人加入债务无须债务人同意，第三人可以和债权人就债务加入达成合意，在债权人没有在合理期限内明确拒绝的情形下第三人单方表示加入债务依然构成债务加入，债务加入的法律后果为第三人与债务人承担连带清偿责任。那么，债务加入就是指不失债的同一性，债务人不脱离原债务，债务人与第三人共同对原债务负责。构成要件如下：

（1）原债务合法有效；

（2）第三人有债务加入的意思表示；

（3）原债务以其性质可转让；

（4）原债务人不脱离债务；

（5）原债务人与加入人就同一债务负责。

14. 事实合同含义及有哪些主要特征？

答：依据《民法典》第135条规定："民事法律行为可以采用书面形式、口头形式或者其他形式；法律、行政法规规定或者当事人约定采用特定形式的，应当采用特定形式。"第490条规定："当事人采用合同书形式订立合同的，自

当事人均签名、盖章或者按指印时合同成立。在签名、盖章或者按指印之前，当事人一方已经履行主要义务，对方接受时，该合同成立。法律、行政法规规定或者当事人约定合同应当采用书面形式订立，当事人未采用书面形式但是一方已经履行主要义务，对方接受时，该合同成立。"

因此，事实合同是指平等主体的合同当事人之间通过一定的适法的事实行为成立的债权债务关系。也是一方当事人履行主要义务，对方予以接受，但是双方并未签订书面合同。事实合同又称合同的其他形式、默示形式或事实契约。

事实合同的主要特征：主要是事实合同也存在要约和承诺，当事人没有用语言、文字表达其意思表示，而是用行为向对方发出要约，对方接受要约，做出一定承诺或者以指定的行为作为承诺，合同成立。

无论事实合同还是书面合同，一方要求对方承担违约责任，则必须负有举证责任，来证明合同已经成立。另外，承担违约责任的基础是合同成立而不是生效，即使是无效合同，也依然存在承担违约责任的问题。

15. 总承包联合体成员中一方权利义务转让的法律效力有何影响？

答：若发包单位将其在工程总承包合同中的权利和义务一并转让给第三人，工程总承包联合体的牵头单位以书面方式予以同意，应当认定为联合体的共同意思表示，对所有联合体成员均具有约束力，除非联合体协议有特别约定外，但是联合体的非牵头成员做出同意的意思表示，并不应当具有这种效力。

需要注意的是，如工程总承包联合体成员以事实行为做出意思表示，需要对工程总承包联合体成员是否为牵头单位、实施过程中实际付款申请及流程、工程例会纪要、工程联系单、建立或项目咨询单位记录、工程签证、变更审批、结算及结算审核、工程竣工及交付等多方面的事实行为进行综合审查判别，而不能仅以某一方的陈述为判断依据。

16. 工程总承包企业的资质有何要求？

答：依据《房屋建筑和市政基础设施项目工程总承包管理办法》第 10 条规定："工程总承包单位应当同时具有与工程规模相适应的工程设计资质和施工资

质，或者由具有相应资质的设计单位和施工单位组成联合体。工程总承包单位应当具有相应的项目管理体系和项目管理能力、财务和风险承担能力，以及与发包工程相类似的设计、施工或者工程总承包业绩。"

但是，对工程总承包企业的资质要求还要因项目性质的不同而有所差异。铁路工程的总承包单位仅需具备与招标工程相适应的资质；公路工程的总承包单位需同时具备与招标工程相适应的勘察设计和施工资质，或者由具备相应资质的勘察设计和施工单位组成联合体；房屋建筑和市政基础设施项目的工程总承包单位应当同时具有与工程规模相适应的工程设计资质和施工资质，或者由具有相应资质的设计单位和施工单位组成联合体；其他项目的工程总承包单位所需资质，目前现有文件也没有十分明确规定，一般都是参照住房和城乡建设部和国家发展和改革委的规定，要求工程总承包单位同时具有与总承包建设工程规模相适应的工程设计资质和施工资质，或者由具有相应资质的设计单位和施工单位组成联合体。

即使在《房屋建筑和市政基础设施项目工程总承包管理办法》实施后，还存在个别地方不要求工程总承包单位具有双资质的情况。实际操作中仍需尊重当地建设行政主管部门的规定，而不能"一刀切"地必须依照《房屋建筑和市政基础设施项目工程总承包管理办法》的规定要求工程总承包单位具备双资质。

17. 在联合体成员中一方具有相应的资质，其他成员不具有任何工程类资质的是否能组成联合体承接工程总承包项目？

答：依据《中华人民共和国招标投标法》（以下简称《招标投标法》）第31条规定："联合体各方均应当具备承担招标项目的相应能力；国家有关规定或者招标文件对投标人资格条件有规定的，联合体各方均应当具备规定的相应资格条件。由同一专业的单位组成的联合体，按照资质等级较低的单位确定资质等级。联合体各方应当签订共同投标协议，明确约定各方拟承担的工作和责任，并将共同投标协议连同投标文件一并提交招标人。联合体中标的，联合体各方应当共同与招标人签订合同，就中标项目向招标人承担连带责任。"

从"联合体各方均应当具备规定的相应资格条件"条文来分析，并不是指

所有成员都必须具备所有的资格条件，而是要求联合体成员应具备满足联合体协议约定的成员分工所需的资格条件。另外，通过"由同一专业的单位组成的联合体，按照资质等级较低的单位确定资质等级。"规定可见，需要清楚的是要求"同一专业，按照最低资质"。根据"联合体各方应当签订共同投标协议，明确约定各方拟承担的工作和责任"，如果按照联合体协议分工，成员不承担相同工作的，不具有任何资质的设备采购单位依据其联合体分工完成其采购专业工作，并不违背现有的对资质要求的强制性规定，也就不会对工程总承包合同的效力产生影响。即使有其他成员不具有任何工程类资质条件，也可以组成联合体来承接工程总承包项目，但没有资质的联合体成员不得从事需要相关资质的工程施工或设计工作，低资质的联合体成员也不得超越资质从事相关工作。

18. 编制项目建议书、可行性研究报告、初步设计的单位及其评估单位，在必须招标项目中，与招标人签订的工程总承包合同是否有效？

答：针对必须招标项目，在招标人未公开已经完成的初步设计文件等可能会影响招标公平、公正性的前期成果的情况下，前期咨询单位中标该工程总承包项目，并与招标人签订的工程总包合同无效。主要理由是：必须招标项目涉及国家利益、社会公共利益，如果招标人未公开已经完成的初步设计文件等可能影响招标公平、公正性的前期成果，前期咨询单位不仅具备信息优势，而且前期咨询单位前期合作关系，相对其他投标单位更容易接近招标人，容易引发招标人与咨询单位之间的存在不正当利益输送等方式，造成损害国家利益，破坏市场秩序，不符合《招标投标法》规定公平原则。根据《民法典》第153条的规定，应当认定工程总承包合同无效。

19. 编制项目建议书、可行性研究报告、初步设计的单位及其评估单位，在非必须招标项目中，与招标人签订的工程总承包合同是否有效？

答：与招标人签订的工程总承包合同应当确认有效，主要理由在于以下情形：

（1）法律、行政法规并未作出禁止性规定。

（2）《房屋建筑和市政基础设施项目工程总承包管理办法》第11条2款规定了政府投资项目在公开后可以参与投标，但并不意味着禁止非政府投资项目在公开后参与投标。而且，各地政策性文件规定还存在一定的差异。

（3）应当允许非政府投资项目尤其是非必须招标项目的前期咨询单位在未公开已完成的项目建议书、可行性研究报告、初步设计文件等前期成果的情况下参与投标。

（4）《房屋建筑和市政基础设施项目工程总承包管理办法》在效力层次上既非行政法规，也非部门规章，而是属于规范性文件，其本身不能作为认定合同效力的依据。在法律、行政法规并未禁止情形下，没有相应的理由认为非必须招标项目的前期咨询单位中标该工程总承包项目并据此签订的工程总承包合同无效。

所以，对非必须招标项目，即使招标人未公开已经完成的项目建议书、可行性研究报告、初步设计文件等前期成果，前期咨询单位中标该工程总承包项目，并与招标人签订的工程总承包合同也应当认定为合同有效。

20. 工程总承包合同签订后，联合体各方变更共同投标协议或联合体协议的是否有效？

答：工程总承包联合体各方在协商一致的基础上变更共同投标协议，其效力在不违反《民法典》及其他法律法规的强制性规定的情况下应当认定为合同有效。因为总承包联合体各方对各自的责任及工作内容做出变更，属于联合体内部权利义务的调整，不改变其对总承包项目的建设单位承担的合同责任，总承包联合体各方变更共同投标协议或工程总承包联合体协议不对总承包项目建设单位的权利造成实质性影响。从原则上来讲应当认定为合同有效，但是，总承包联合体各方变更共同投标协议或总承包联合体协议违反法律法规的效力性强制性规定的除外。

还要注意，如果在总承包联合体各方变更共同投标协议或总承包联合体协议后，而导致工程总承包联合体一方或多方主体资格存在缺陷，仍可能导致变更后的共同投标协议或工程总承包联合体协议无效的情况。

21. 联合体牵头方单独与发包单位签订的工程总承包合同、 协议、 纪要、 签证等相关文件， 对联合体其他成员是否具有约束力?

答: 联合体牵头单位在联合体全体成员的授权范围内, 代表联合体全体成员共同的意愿, 单独与发包单位签订的总承包合同、补充协议、会议纪要、经济签证等与总承包活动相关的文件, 对联合体其他成员都具有约束力, 其他没有直接参与签订上述文件的联合体成员同样应受上述文件的约束并向发包单位承担连带责任。

联合体牵头单位对外单独签订的除与发包单位签订的以外的合同, 仅对合同当事人双方具有约束力。鉴于其他联合体成员并非是该合同的当事人, 国家法律也并没有具体规定联合体其他成员应当对牵头单位单独对外签订的合同承担责任, 因此, 不能违背合同相对性原则, 随意地要求联合体其他成员就牵头单位单独实施的对外行为承担责任。

22. 在什么情况下， 联合体其他成员才能以自己的名义向发包人主张合同权利?

答: 基于联合体其他成员已经授权联合体牵头单位与发包单位签订总承包合同, 行使合同权利、履行合同义务的, 在合同履行过程中, 应由牵头单位执行合同事务, 联合体其他成员不得直接向发包单位行使合同权利。只有当联合体牵头单位怠于行使合同权利, 致使联合体的合同权利受到损害, 联合体其他成员才能以自己的名义向发包单位主张合同权利。例如: 某 EPC 工程总承包合同中的合同价款是属于联合体全部成员的权益, 联合体的一方不能单独向发包单位主张自己所属部分的权益, 只有在协议中约定的牵头单位怠于行使自己权力的时方可主张, 而在牵头单位与联合体一方签订分包合同的情况下, 只能根据联合体一方与牵头单位签订的合同向牵头单位主张权利。

23. 转包有哪些情形?

答: 转包是指总承包单位承包工程后, 不履行合同约定的责任和义务, 将

其承包的全部工程或者将其承包的全部工程直接或肢解后以分包的名义分别转给其他单位和个人事实的行为。《建筑法》第28条、《民法典》第791条、《建设工程质量管理条例》第78条等都规定了承包人非法转包情形：

（1）直接转包：即将其承包的全部建设工程转给第三人。

（2）肢解转包：即将其承包的全部建设工程肢解以后以分包的名义分别转包给第三人。

尽管上述规定并未明确适用于工程总承包合同模式，但以转包的定义而言，总承包单位承包工程后不履行合同约定的责任和义务，而将全部建设工程转给其他单位或个人施工的行为，无论以上述两种情形中的哪一种实现，均可构成法律法规所禁止的转包。

24. 需要总承包单位具有 "双资质" 的项目， 对分包有哪些规定？

答：《建筑法》第29条第1款规定："建筑工程总承包单位可以将承包工程中的部分工程发包给具有相应资质条件的分包单位；但是，除总承包合同中约定的分包外，必须经建设单位认可。施工总承包的，建设工程主体结构的施工必须由总承包单位自行完成"。《建设工程勘察设计管理条例》第19条规定："除建设施工主体部分的勘察、设计外，经发包单位书面同意，承包方可以将建设工程其他部分的勘察、设计再分包给其他具有相应资质等级的建设工程勘察、设计单位"。

对于需要具有"双资质"的项目要求或总承包单位应同时具有设计单位和施工单位的项目要求的，应执行上述对于设计单位、施工总承包单位的分包规定，即总承包单位不得将主体部分的设计、施工进行分包，但可以依法将非主体部分的设计、施工分包给其他单位。

25. 仅需总承包单位具有 "单资质" 的项目， 对分包有哪些规定？

答：依据《住房城乡建设部关于进一步推进工程总承包发展的若干意见》（建市〔2016〕93号）第2条第9项、第10项规定："工程总承包企业可以在其资质证书许可的工程项目范围内自行实施设计和施工，也可以根据合同约定或

者经建设单位同意，直接将工程项目的设计或者施工业务择优分包给具有相应资质的企业。仅具有设计资质的企业承接工程总承包时，应当将工程总承包项目中的施工业务依法分包给具有相应施工资质的企业。仅具有施工资质的企业承接工程总承包时，应当将工程总承包项目中的设计业务依法分包给具有相应设计资质的企业……不得将工程总承包项目中设计和施工业务一并或者分别分包给其他单位……"

在"单资质"要求的工程总承包项目中，工程总承包单位至少应自行完成其具有资质的主体部分的设计或施工，但对不具有资质的设计或施工工作则可以进行分包。这和要求具有"双资质"的项目要求是有一定区别。需要弄清楚避免引起纠纷。

26. 分包单位缺乏相关资质的是否可以承揽工程？

答：《建筑法》第13条规定："从事建筑活动的建筑施工企业、勘察单位、设计单位和工程监理单位，按照其拥有的注册资本、专业技术人员、技术装备和已完成的建筑工程业绩等资质条件，划分为不同的资质等级，经资质审查合格，取得相应等级的资质证书后，方可在其资质等级许可的范围内从事建筑活动。"

分包单位在承揽工程时必须要取得相应等级的资质证书，在其资质等级许可的范围内从事建筑活动。而《建筑法》第29条、《民法典》第791条、《建设工程质量管理条例》第78条也明确禁止将工程分包给不具有相应资质条件的单位。所以，分包单位缺乏相关资质是不可以承揽工程的。

27. 分包单位承揽工程后是否可以再分包？

答：《建筑法》第29条、《民法典》第791条、《建设工程质量管理条例》第78条等都禁止了分包单位再分包。《建筑法》第29条第1款规定："建筑工程总承包单位可以将承包工程中的部分工程发包给具有相应资质条件的分包单位；但是，除总承包单位合同中约定的分包外，必须经建设单位认可。施工总承包单位的，建筑工程主体结构的施工必须由总承包单位自行完成。"

从中判断其中的总承包单位包括工程总承包和施工总承包两种模式。但是依据《建筑法》第29条第3款规定："禁止分包单位将其承包的工程再分包"，其中并没有明确仅是针对"施工总承包"模式，还是也包括"工程总承包"模式。

由于规定不够清晰，存在实际工作中有不同的观点和法院处理的结果也不同，例如：某案例分包单位将中标的总承包单位合法分包的部分工程再分包，地方人民法院认为违反了相关法律法规的强制性规定，其与再分包单位之间签订的再分包合同被认定无效。同样案例，另一地方人民法院认为签订的再分包合同系双方当事人真实意思的表示，该合同并不违反相关法律、行政法规的强制性规定，认为有效合同。

目前，有一些地方已经出台规章及文件中明确规定，经工程总承包单位同意，设计、施工单位可以将合同范围内非主体、非关键性工作分包给其他相应资质的专业单位完成。

28. 分包单位未在合同中约定且未经发包人同意的是否违法？

答：按照《建筑法》第29条第1款规定："除总承包合同中约定的分包外，必须经建设单位认可。"《招标投标法》第48条第2款规定："中标人按照合同约定或者经招标人同意，可以将中标项目的部分非主体、非关键工作分包给他人完成。"除工程总承包合同中约定的分包外，分包需要经发包单位的认可。如未得到认可的，是否属于违法，在最新《建筑工程施工发包与承包违法行为认定查处管理办法》中，已将"未经发包单位认可"从违法分包的情形中删除，所以，结合目前的政策导向，不该将该类情形列为违法分包的其中一种，应认定分包合同无效。因为，对于其他违法分包行为法律法规中用词一般为"禁止"，说明该等行为违反法律法规明确的禁止性规定。

29. 建筑工程都包含哪些？

答：（1）房屋建筑（指有顶盖、梁柱、墙壁以及能够形成内部空间，并满足人们生产、居住、学习、公共活动等需要的工程）。

（2）附属设施（指与房屋建筑配套的水塔、自行车棚、水池等）。

（3）与其配套的线路管道设备安全工程（电气、给排水、通信、电梯）。但在《建筑工程施工发包与承包违法行为认定查处管理办法》第2条中，所称建筑工程是指房屋建筑和市政基础设施工程以及附属设施和与其配套的线路、管道、设备安装工程。

（4）市政基础设施工程（指城市道路、公共交通、供水、排水、燃气、热力、园林、环卫、污水处理、垃圾处理、防洪、地下公共设施及附属设施的土建、管道、设备安装工程）。

30. 单项工程、单位工程、分部分项工程如何认定？

答：（1）单项工程：是指具有独立的设计文件，竣工后可以独立发挥生产能力或效益的工程。也被称为工程项目。

（2）单位工程：指具有单独设计和独立施工条件，但不能独立发挥生产能力或效益的工程，它是单项工程的组成部分。

（3）分部工程：按工程的种类或主要部位将单位工程划分为分部工程。

（4）分项工程：按不同的施工方法、构造及规格将分部工程划分为分项工程。

31. 建设工程施工合同在什么情形下被认定无效？

答：根据《民法典》第153条第1款的规定，认定无效的情形有：

（1）承包单位未取得建筑业企业资质或超越资质等级的；

（2）没有资质的实际施工人借用有资质的建筑施工企业名义的；

（3）建设工程必须进行招标而未招标或中标无效的。

应依据《民法典》第153条第1款及第791条第2款、第3款的规定，认定总承包单位因转包、违法分包建设工程与他人签订的建设工程施工合同无效。需要注意无效合同赔偿范围不包括可得利益损失。

32. 为了提高资质等级，承揽超越其资质等级的工程是否存在合同无效的情形?

答：在建设工程中部分建筑施工单位为了争取提高资质等级，提升该单位的建筑施工能力，要承揽超越其资质等级的工程，来满足企业业绩的需要，提升企业资质等级申请获批的可能性。但是，因《建筑法》规定建筑业企业资质管理制度，主要目的就在于严格建筑施工市场的准入条件，以保证建筑工程质量、安全，任何对建筑施工企业承揽工程必须与其资质等级相一致要求的放宽，都会给建筑工程质量、安全带来隐患，与《建筑法》的立法目的相抵触。依据《建筑法》和《建筑业企业资质管理规定》相关规定，在建筑施工单位的资质等级审批中，并非提升资质等级是以承揽并完成超越资质等级的工程作为升级条件，所以，这样也不能成为司法机关认定合同效力的依据。

33. 合同解除与合同无效两者的区别是什么?

答：(1) 合同无效是合同不符合法律规定的合同有效的条件，合同关系不应当成立。

合同解除是消灭已生效的合同。

(2) 无效合同是自始无效，即使当事人不对合同效力提出主张，人民法院或者仲裁机关也有权确认合同无效。

合同解除主要适用合同自由原则，即使符合法律规定的解除条件，当事人不行使解除权，国家也不必干涉。

(3) 合同因当事人故意违反法律而导致无效，应当追缴当事人所获得的非法财产。

合同解除不存在追缴财产的问题。

34. 对于 "发包人指定分包" 如何理解?

答：发包单位指定分包通常是指总承包单位根据发包单位指令将承包工程中的某些专业部分交由发包单位选择或指定的分包单位来完成。发包单位指定分包

的专业工程包含在总承包单位的承包范围之内，指定分包合同还是由总承包单位和指定分包单位来签订，或与发包单位签订三方合同。通常总承包单位没有分包单位选择权或选择权较弱。分包单位的选择和定价主要由发包单位完成的，指定分包单位与发包单位往往有实际的权利义务关系，总承包单位虽然名义上与分包单位签订了分包合同，但总承包单位实际上更类似于项目管理公司的模式。

35. 指定分包与分包有哪些差异？

答：（1）选择分包单位的权利不同：承担指定分包工作任务的单位由发包单位或工程师选定，而一般分包单位则由总承包单位选择。

（2）分包合同的工作内容不同：指定分包工作属于总承包单位不能满足条件完成的，不属于合同约定应由总承包单位必须完成范围之内的工作，而一般分包单位的工作则为总承包单位工作范围的一部分。

（3）工程款的支付开支项目不同：给指定分包单位的付款应从暂列金额内开支。而对一般分包单位的付款，则从工程量清单中相应工作内容项内支付。

（4）业主对分包单位利益的保护不同：尽管指定分包单位与总承包单位签订分包合同后，按照权利义务关系直接对总承包单位负责，但由于指定分包单位是发包单位选定的，而且其工程款的支付从暂列金额内开支，也就在合同条件内列有保护指定分包单位的条款。而对于一般分包单位则没有此类规定，发包单位和工程师不介入一般分包合同履行的监督。

（5）总承包单位对分包单位违约行为承担责任的范围不同：除非由于总承包单位向指定分包单位发布了错误的指示要承担责任外，对指定分包单位的任何违约行为给发包单位或第三者造成损害而导致索赔或诉讼，总承包单位不承担责任。而分包单位有违约行为，发包单位将其视为总承包单位的违约行为，按照主合同的规定追究总承包单位的责任。

36. 指定分包的风险防控大致有哪几个方面？

答：（1）建议发包单位应在招标投标过程中将指定分包内容明确化，对于招标人的招标文件不明确时应及时提出咨询。

（2）总包合同中，承包范围、工程工期等方面尽可能做出约定，不包含指定分包工程内容。

（3）应尽量避免与指定分包单位签订指定分包合同，争取使发包单位与指定分包单位直接签订指定分包合同，使指定分包工程变为总包合同外工程。

（4）如果必须与指定分包单位签订指定分包合同的，争取签订包括发包单位、指定分包单位在内的三方协议。并且将该项目分包工程量编进工程量清单中。

（5）如果必须只与指定分包单位签订指定分包合同的，应和发包单位、指定分包单位明确约定，应付给指定分包单位的资金（工程款）必须先进入总承包单位的账户之后再付给指定分包单位，同时可要求指定分包单位提供履约保证金或履约保函。

（6）在指定分包工程的工程款经过总承包单位的账户情形下，指定分包合同中还可明确约定，总承包单位支付指定分包单位工程款应以总承包单位收到发包单位的该部分工程款为前提条件，若指定分包单位在不具备该前提条件的情况下，以任何形式向总承包单位主张工程款均视为违约，应承担一定数额的违约金。

（7）应保存好施工过程中与指定分包单位之间的往来函件、工程联系单、签证、会议纪要等原始书面的证据资料。

37. 如何理解实际施工人？

答：实际施工人是最高人民法院在 2004 年 9 月 29 日通过的《关于审理建设工程施工合同纠纷案件适用法律问题的解释》中创设的一个法律新概念，旨在描述无效合同中实际承揽工程干活的低于法定资质的施工企业、非法人单位、农民工个人等，包括：

（1）转包合同的承包人；

（2）违法分包合同的承包人；

（3）缺乏相应资质而借用有资质的建筑施工企业名义与他人签订建设工程施工合同的单位或者个人。

38. 劳务关系与劳动合同主要有哪些区别？

答：（1）主体不同。根据《中华人民共和国劳动法》（以下简称《劳动法》）

的规定，在我国境内的企业、个体经济组织和与之形成劳动关系的劳动者，适用《劳动法》的规定。国家机关、事业组织、社会团体和与之建立劳动关系的劳动者，依照《劳动法》执行。根据上述规定，劳动合同涉及的主体有：①国内的各类企业、个体工商户和与之建立劳动关系的劳动者；②国家机关、事业单位、社会团体和与之形成劳动关系的劳动者。

而劳务关系中，有人主张是《劳动法》规定了上述主体以外的其他主体，劳动者一般为自然人，还有不属于《劳动法》调整范围的农村承包经营户及其所招用的劳工。

（2）适用法律上的区别。从现行的立法状况看，我国民法与劳动法分属于不同的部门法，劳务关系一般属民法调整，劳动合同由劳动法调整。在司法实践中，我国的民法和劳动法则被视为普通法与特殊法的关系。法院在审理劳务关系时一般适用民事法律的相关规定，在审理劳动争议案件时，则首先适用《劳动法》及相关法规的规定。

39. 法人是否就等同于法定代表人？

答："法定代表人"这个词包含"法"和"人"，于是人们也将其简称为"法人"，在口语中比较喜欢使用。几乎提到法人就是指法定代表人，这一现象已然积重难返，也在办事中比较流行该用语。根据我国《民法典》第 57 条："法人是具有民事权利能力和民事行为能力，依法独立享有民事权利和承担民事义务的组织。"第 61 条："法定代表人是依照法律或者法人章程的规定，代表法人成立从事民事活动的负责人，为法人的法定代表人。"我们说的企业法人是指依据《中华人民共和国企业法人登记管理条例》《中华人民共和国公司登记管理条例》等，经各级工商行政管理机关登记注册的企业法人，指具有符合国家法律规定的资金数额、企业名称、组织章程、组织机构、住所等法定条件，能够独立承担民事责任，经主管机关核准登记取得法人资格的社会经济组织。在这讲的法人也就是企业法人，这是一种组织。而日常口语中说的法人，其实指的应该是法定代表人，这是具体的某个自然人，很显然法定代表人与法人是完全不同的，因而最好不要混淆在一起使用。不同的场合下，主体身份不同，那么称谓就应该不一样。切记不能将法定代表人直接等同于企业法人。

第三章

违 规 行 为

1. 在什么情形下属于违法发包?

答:有下列情形之一的就属于违法发包:

(1) 建设单位将工程发包给个人的;

(2) 建设单位将工程发包给不具有相应资质的单位的;

(3) 依法应当招标未招标或未按照法定招标程序发包的;

(4) 建设单位设置不合理的招标投标条件,限制、排斥潜在投标人或者投标人的;

(5) 建设单位将一个单位工程的施工分解成若干部分发包给不同的施工总承包或专业承包单位的。

2. 哪些情形认定是企业内部承包?

答:内部承包一般表现为以总公司或母公司的名义对外承揽工程,但总公司或母公司收取一定管理费,并不直接参与工程项目的实际施工,也不对质量、安全生产进行统一监督管理,具体施工和管理由下属的分公司、内部员工或子公司来负责,总公司或母公司通过日常监督管理、制度建设、加强对分公司或子公司的管控等监督、检查的方式,间接对施工进行管理。以下情形可以认为是内部承包:

(1) 总公司和分公司之间的内部承包模式:分公司相对于总公司不具有独立的法人资格,其民事责任由总公司承担。

(2) 公司和内部员工之间的内部承包模式:内部员工是公司人员(社保、执业证书、合同、工资等都在公司并注册的)。

(3) 母公司与子公司之间的内部承包模式:子公司相对于母公司不具有独立的法人资格,其民事责任由母公司承担。

3. 专业承包单位和专业分包单位有什么区别?

答:(1)专业承包单位是指获得专业承包资质的单位,可以承接施工总承包单位分包的专业工程或建设单位按规定发包的专业工程。专业承包单位可以对所承接的工程全部自行施工,也可以将劳务作业分包给具有相应劳务分包资质的劳务分包单位。

(2)专业分包单位是指建筑工程总承包单位根据总承包合同的约定或者经建设单位的允许,将承包工程中的部分工程发包给具有相应资质的分包单位的行为。分包单位按照分包合同的约定对总承包单位负责。总承包单位和分包单位就分包工程对建设单位承担连带责任。禁止分包单位将其承包的工程再分包。

4. 转包有哪些法律特征?

答:(1)转包人不履行建设工程合同义务,不履行施工、管理、技术指导等技术经济责任。转包人在承包工程后,通常也不成立项目管理部门,也不委派技术和管理人员对工程建设进行管理和技术指导,以收取总承包管理费的方式,将全部工程转让给转承包人。转包人不履行建设工程合同中应由承包单位(实际转包人)履行的义务。

(2)转包人将合同权利与义务全部转让给转承包人,转承包人成为实际施工人,与原合同发包人之间客观上形成了工程施工的法律关系;转包人不履行原合同约定的全部建设工程任务,全部的建设工程均由转承包人完成。

(3)转包人对转承包人的施工质量安全等承担连带责任;工程转包后,在转包人不退出原合同关系的前提下,转承包人与原合同发包人建立了新的事实合同关系,转承包人应就建设工程质量、工期、安全对原合同发包人承担责任。同时转包人也应按照原合同就建设工程质量、工期、安全对发包人承担连带责任。

5. 工程转包后, 转包人退出原合同关系, 该合同是否终止?

答:在转包后,转包人不履行合同主要义务,原合同发包或承包人拥有合

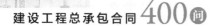

同解除权，权利人既可以行使解除权也可以放弃权利的行使，但是由于合同解除必须通知对方，在原合同发包人或承包人并未通知转包人解除合同的情况下，原合同并不因转包人转包工程而自然解除。如果转包人与发包人或承包人在原合同中并没有约定又没有在事后达成一致同意（转包人转包工程的，合同关系就自然解除），那么转包并不会必然导致原合同解除。既然转包人并没有退出原合同关系，转包人在原合同中的当事人地位并没有改变，发包人或承包人仍然可以要求转包人按照原合同的约定履行义务，原合同关系并不因转包而终止。

6. 工程转包后，转承包人地位有什么变化？

答：将转包人与发包单位或承包单位原合同关系中的转包人变更为转承包单位的这个变更合同主体的行为因违反我国法律法规的强制性规定而无效，因为无效转承包人并没有取代转包人在原合同中的当事人地位。只有在转包后，这时候转承包人履行的是转包合同，在法律上属于实际施工人，即使这样转承包人也无权要求按照原合同中约定价款的计价方式及支付方式向原合同的发包人或承包人主张工程价款。如果存在怠于向发包人行使到期债权的，可以依据《建设工程施工合同司法解释（一）》第44条规定："实际施工人依据民法典第五百三十五条规定，以转包人或者违法分包人怠于向发包人行使到期债权或者与该债权有关的从权利，影响其到期债权实现，提起代位权诉讼的，人民法院应予支持。"

7. 转包与挂靠在法律上有哪些区别？

答：（1）合同关系不同：转包过程中有两份合同，一份发包单位或承包单位与转包人之间的工程施工合同；另一份是转包人与转承包单位之间的工程施工合同。而挂靠行为只涉及一份工程施工合同，即挂靠单位以被挂靠单位名义对外同发包单位签订的工程施工合同。

（2）法律关系形成的时间不同：转包法律关系形成于转包单位与发包单位或承包单位签订的工程施工合同之后，即先有工程再转包；而挂靠法律关系形成于被挂靠单位名义与发包单位或承包单位签订的工程施工合同之前，即先挂

靠再接工程。

（3）所涉及的合同效力不同：转包行为中涉及的两份合同中，转包合同是无效的，但转包单位与发包单位或承包单位之间的工程施工合同并不因此而无效；而挂靠签订的工程施工合同，根据《建设工程司法解释》第 1 条规定，以被挂靠单位名义同发包单位或承包单位签订的工程施工合同无效。

（4）对外责任不同：转包单位对转承包单位的施工质量安全等向发包单位承担连带责任，但转承包单位对外的债务，如转承包单位以自己名义对外签订的材料买卖、周转、租赁等合同而产生的债务、转承包单位现场人员工伤的赔偿责任等，转包单位不承担连带责任；挂靠行为中，因对外商事等行为及合同都是以挂靠单位名义做出，挂靠施工经营的最终收益都是归挂靠单位，挂靠单位对被挂靠单位施工的工程质量及对外债务承担连带责任，当然，被挂靠单位承担连带责任后，有权向挂靠单位追偿。

8. 在什么情形下被认定为转包？

答：有以下情形之一的，应当认定为转包（但有证据证明属于挂靠或其他违法行为的除外）：

（1）承包单位将其承包的全部工程转给其他单位（包括母公司承接建筑工程后将所承接的工程交由具有独立法人资格的子公司施工的情形）或个人施工的；

（2）承包单位将其承包的全部工程肢解以后，以分包的名义分别转给其他单位或个人施工的；

（3）施工总承包单位或专业承包单位未派驻项目负责、技术、质量、安全等主要管理人员，或派驻的项目负责人、技术、质量、安全中一人及以上与施工单位没有订立劳动合同且没有建立工资和社保关系，或派驻的项目负责人未对该工程的施工活动进行组织管理，又不能进行合理解释并提供相应证明的；

（4）合同约定由承包单位负责采购的主要建筑材料、构配件及工程设备或租赁的施工机械设备，由其他单位或个人采购、租赁，或施工单位不能提供有关采购、租赁合同及发票等证明，又不能进行合理解释并提供相应证明的；

（5）专业作业承包人承包的范围是承包人单位承包的全部工程，专业作业承包人计取的是除上缴给承包单位"管理费"之外的全部工程价款的；

（6）承包单位通过采取合作、联营、个人承包等形式或名义，直接或变相将其承包的全部工程转给其他单位或个人施工的；

（7）专业工程的发包单位不是该工程的施工总承包或专业承包单位的，但建设单位依约作为发包单位的除外；

（8）专业作业发包单位不是该工程承包单位的；

（9）施工合同主体之间没有工程款收付关系，或者承包单位收到款项后又将款项转拨给其他单位和个人，又不能进行合理解释并提供相应证明的。

两个以上的单位组成联合体承包工程，在联合体分工协议中约定或者在项目实际实施过程中，联合体一方不进行施工也未对施工活动进行组织管理的，并且向联合体其他方收取管理费或者其他类似费用的，视为联合体一方将承包的工程转包给联合体其他方。

9. 在转包认定中对于肢解的情况需要注意哪些问题？

答：（1）转包人与转承包人必须是两个没有隶属关系的独立法人或其他组织或个人。工程全部肢解后，如果以内部分包名义转给的是转包人的分公司或内部机构，则不构成转包。

（2）承包单位必须将全部建设工程肢解。承包单位必须是将其承包的全部建设工程肢解以后，以分包的名义分别转让给其他单位或个人才构成转包，而不是将其承包的全部建设工程任务中的部分肢解分包给其他单位或个人。承包人只是将其承包的全部建设工程任务中的分部分项或某一部分肢解分包给其他单位或个人，应构成分包或非法分包而不是转包。

（3）劳务承包单位不属于转包的主体。建筑承包分为施工总承包、专业承包和劳务承包，如果是劳务承包单位将其承包的工作再分包，则不构成转包，而属于违法分包。

10. 哪些情形被认为是违法分包？

答：存在下列情形之一的，属于违法分包：

（1）承包单位将其承包的工程分包给个人的；

（2）施工总承包单位或专业承包单位将工程分包给其他单位或个人施工的行为；

（3）施工总承包单位将施工总承包合同范围内工程主体结构的施工分包给其他单位的，钢结构工程除外；

（4）专业分包单位将其承包的专业工程中非劳务作业部分再分包的；

（5）专业作业承包人将其承包的劳务再分包的；

（6）专业作业承包人除计取劳务作业费用外，还计取主要建筑材料款和大中型施工机械设备、主要周转材料费用的。

11. 挂靠行为判定有哪些条件？

答：根据《建筑法》第 26 条的规定，凡通过转让、出借资质证书或以其他方式允许他人以本单位名义承接工程任务的，均属于挂靠承接工程任务，包括无资质证书的单位、个人或低资质等级的单位，通过种种途径和方式，利用有资质证书或高资质证书或高资质等级的单位名义承接工程任务。其判定条件是：

（1）有无资产的产权联系，即其资产是否以股份等方式划转现单位，并经公证；

（2）有无统一的财务管理，不能以"承包"等名义搞变相的独立核算；

（3）有无严格、规范的人事任免和调动、聘用手续。凡具备上述条件之一的，定为挂靠行为。

12. 违法分包行为需要承担哪些法律后果？

答：（1）违反合同约定只需承担民事责任，并不构成行政法意义上的违法。但是由于法律法规对建筑工程分包的特殊规定，违反施工合同关于工程分包的约定进行分包的，也属违法行为。《建筑法》第29条规定："建筑工程总承包单位可以将承包工程中的部分工程发包给具有相应资质条件的分包单位；但是，除总承包合同中约定的分包外，必须经建设单位认可"。据此，总承包合同未约定或未经建设单位认可的分包，也应当认定为违法分包。但是住房和城乡建设部关于印发《建筑工程施工发包与承包违法行为认定查处管理办法》对该情形也有了新的认定。

（2）违反法律法规订立的合同并不必然导致合同无效，只有违反强制性规定，才会导致合同无效。《中华人民共和国合同法》第52条规定，违反法律、行政法规的强制性规定的合同无效。《建设工程施工合同司法解释（一）》第1条规定："建设工程施工合同具有下列情形之一的，应当依据民法典第一百五十三条第一款的规定，认定无效：

（一）承包人未取得建筑业企业资质或者超越资质等级的；

（二）没有资质的实际施工人借用有资质的建筑施工企业名义的；

（三）建设工程必须进行招标而未招标或者中标无效的。

承包人因转包、违法分包建设工程与他人签订的建设工程施工合同，应当依据民法典第一百五十三条第一款及第七百九十一条第二款、第三款的规定，认定无效。"

13. 建筑市场信用管理有哪些规定？

答：依据住房和城乡建设部《建筑市场信用管理暂行办法》的规定，建筑市场信用信息分为基本信息、优良信用信息、不良信用信息三大类。

（1）基本信息：是指注册登记信息、资质信息、工程项目信息、注册执业人员信息等。

（2）优良信用信息：是指建筑市场各方主体在工程建设活动中获得的县级以上行政机关或群团组织表彰奖励等信息。

（3）不良信用信息：是指建筑市场各方主体在工程建设活动中违反有关法律、法规、规章或工程建设强制性标准等，受到县级以上住房和城乡建设主管部门行政处罚的信息，以及经有关部门认定的其他不良信用信息。

14. 建设单位的不良行为如何认定?

答：(1) 未取得施工许可证或者开工报告未经批准或者为规避办理施工许可证将工程项目分解后，擅自施工的；

(2) 必须进行招标的项目而不招标的；

(3) 将必须进行招标的项目化整为零或者以其他任何方式规避招标的；

(4) 以不合理的条件限制或者排斥潜在投标人的，对潜在投标人实行歧视待遇的；

(5) 强制要求投标人组成联合体共同投标的；

(6) 限制投标人之间竞争的；

(7) 资格预审或者评标标准和方法含有排斥投标人的内容，妨碍或者限制投标人之间竞争的；

(8) 将工程发包给不具有相应资质等级的勘察、设计、施工单位或者委托给不具有相应资质等级的工程监理单位的；

(9) 将建设工程肢解发包的。

以上都认定为建设单位的不良行为。

15. 施工单位的不良行为如何认定?

答：(1) 未取得资质证书承揽工程的，或超越本单位资质等级承揽工程的；

(2) 允许其他单位或个人以本单位名义承揽工程的；

(3) 涂改、伪造、出借、转让《建筑企业资质证书》；

(4) 将承包的工程转包或者违法分包的。

以上都认定为施工单位的不良行为。

16. 信用信息的公布有什么规定?

答：依据住房和城乡建设部规范性文件《建筑市场诚信行为信息管理办法》第 10 条规定：诚信行为记录实行公布制度。《建筑市场信用管理暂行办法》第 7 条规定，各级住房和城乡建设主管部门应当建立健全信息推送机制，自优良信

用信息和不良信用信息产生之日起 7 个工作日内，通过省级建筑市场监管一体化工作平台依法对社会公开，并推送至全国建筑市场监管公共服务平台。该文件对建筑市场各方主体的信用信息公开期限也作出了规定：对于企业的基本信息长期公开；优良信用信息公开期限一般为 3 年；不良信用信息公开期限一般为 6 个月至 3 年，并不得低于相关行政处罚期限。具体公开期限由不良信用信息的认定部门确定。同时，对利用虚假材料、以欺骗手段取得企业资质和因转包、出借资质受到行政处罚等行为的，由住房和城乡建设主管部门列入建筑市场主体"黑名单"。

17. 对于发包单位与承包单位违法行为认定查处的依据有哪些？

答：（1）《中华人民共和国招标投标法》；

（2）《中华人民共和国合同法》；

（3）《中华人民共和国建筑法》；

（4）《建设工程质量管理条例》；

（5）《建设工程安全生产管理条例》；

（6）《中华人民共和国招标投标法实施条例》；

（7）《全国人大常委会法制工作委员会对建筑施工企业母公司承接工程后交由子公司实施是否属于转包以及行政处罚两年追溯期认定法律适用问题的意见》（法工办发〔2017〕223 号）。

18. 如何理解侵权责任？

答：（1）侵权责任一般是由法律直接规定的；

（2）侵权责任不能自行排除；

（3）在履行一个承诺过程中的不当和疏忽行为将导致行为者对受害者的有形损失和身体伤害既可能承担侵权责任，也可能承担违约责任；

（4）对无形的经济损失的赔偿一般应由合同约定；

（5）如果除了约定的要履行行为没有其他义务，则违反该义务不能构成侵权；

（6）作为的义务一般是由法律规定而不是由承诺确定的；

（7）如果被承诺方由于信赖承诺方的承诺而做出的相应行为导致了损失，则该损失可以通过追究侵权责任得到赔偿。

需要注意是，工程施工合同中一般包括的合同条款，但是往往会限制合同当事人的潜在赔偿责任，对于间接损失可能更不容易获得赔偿。原告为了避免这些不利的合同条款经常根据侵权责任来进行诉讼。

第四章

招 标 投 标

1. 哪些工程项目必须经过招投标？

答：《房屋建筑和市政基础设施项目工程总承包管理办法》第 8 条规定："建设单位依法采用招标或直接发包等方式选择工程总承包单位。工程总承包项目范围内的设计、采购或者施工中，有任一项属于依法必须招标的项目范围且达到国家规定规模标准的，应当采用招标的方式选择工程总承包单位。"必须招标的总承包合同签订前未经招投标的，总承包合同无效；对于必须招标的工程，经批准可不公开招标，总承包合同应当有效。还需注意新增的采取政府和社会资本合作模式的工程建设项目，达到规定规模标准的，选择社会资本方时必须进行招标。

2. 总承包单位如再发包的， 是否必须再招标？

答：《招标投标法》《中华人民共和国招标投标法实施条例》（以下简称《招标投标法实施条例》）并未规定总承包单位分包时必须进行招标。制定《招标投标法》的实际目的，主要是为了更好地规范建设单位公平公正地开展招标投标活动，并非是针对工程总承包单位的分包行为。而在《招标投标法》关于分包的条款中，只是强调分包的内容应是工程非主体、非关键性工作，接受分包的单位应当具备相适应的资质，并没有对再分包的方式进行限制。《招标投标法实施条例》第 29 条规定："以暂估价形式包括在总承包范围内的工程、货物、服务属于依法必须进行招标的项目范围且达到国家规定规模标准的，应当依法进行招标。"由此可以得出结论，不属于暂估价形式的工程、货物、服务，工程总承包单位对外分包的，并不要求必须进行招标。但是总承包单位分包时不采取招标的方式，那一定不能违反法律、行政法规的强制性规定的，如果违反法律、行政法规的强制性规定就会导致合同无效。

3. 中标合同与实际履行合同不一致该如何处理？

答：无论是否属于必须招标的总承包项目，中标合同与实际履行合同的发包单位要求、工程价款等实质性内容（包括工程范围、质量、价款、工期和其他内容等）不一致的，若中标合同有效，当事人请求按照中标合同确定权利义务的，应予支持；中标合同与实际履行合同的发包单位要求、工程价款等实质性内容（包括工程范围、质量、价款、工期和其他内容等）不一致的，若中标合同无效，当事人请求参照实际履行的合同结算合同价款的，应予支持。但当事人因客观情况发生了招投标时难以预见的变化另行订立合同的除外。因发生招投标时难以预见的变化，当事人另行订立的合同不属于变更中标合同的实质性内容。

4. "黑白合同" 该如何理解？

答：建设工程施工领域中偶尔会出现"黑白合同"。黑白合同又称阴阳合同，这一概念并非法律的术语。建设单位和施工单位就同一工程签了了不同的建设工程施工合同，其中"白合同"是指双方根据招投标文件签订的中标合同，而"黑合同"指双方私下达成的协议并签订的书面合同，被认定为是对"白合同"的实质性内容进行了变更。实质性的内容例如项目范围、质量、价款或工期和其他内容的变更都会对总承包单位的施工内容造成较大影响，进而影响到总承包单位的收益，因此，工程范围、质量、价款或工期和其他等都应当属于合同实质性内容。但有的内容修改不会造成重大影响，例如，发包单位的文件要求、对操作和维修手册的要求等，如果招标人和中标单位在总承包合同的履行过程中协商修改、调整，并不会对招标过程的公平、公正造成影响，也未对双方的权利造成重大影响，就不属于合同实质性内容。

还需要注意，在我国正式取消了建设工程施工合同的备案制度后，不再要求中标合同需向建设主管部门备案，在司法解释的表述上也有变化，由备案中标合同改为了中标合同。

5. 工程合同履行过程中是否可以重新协商?

答:《民法典》第543条对合同的变更作了明确规定。合同变更权的存在于所有的合同履行过程中,中标合同的履行也不例外。在招标时难以预见的变化,施工过程中因涉及变更、建设工程规划指标调整等客观原因,发包单位与总承包单位通过补充协议、会议纪要、来往函件、签证等洽商记录形式变更工期、工程价款、工程项目性质的,不应认定为变更中标合同的实质性内容。

另外,在工程总承包发包模式下,工程发包时间提前到初步设计后甚至是更早的时间,在合同履行过程中,发生不可预见的事件的可能性与施工总承包合同相比,增加较多。所以,从工程总承包的特性来说,理应允许双方根据客观情况的变化需要重新协商。

6. 在暂估价范围内工程项目的招标和未招标如何界定?

答:《房屋建筑和市政基础设施项目工程总承包管理办法》第21条规定:"工程总承包单位可以采用直接发包的方式进行分包。但以暂估价形式包括在总承包范围内的工程、货物、服务分包时,属于依法必须进行招标的项目范围且达到国家规定规模标准的,应当依法招标。"《招标投标法实施条例》第29条第1款规定:"招标人可以依法对工程以及与工程建设有关的货物、服务全部或者部分实行总承包招标。以暂估价形式包括在总承包范围内的工程、货物、服务属于依法必须进行招标的项目范围且达到国家规定规模标准的,应当依法进行招标。"

在工程总承包单位中标后,合同有约定或者在取得发包单位同意的情况下,工程总包单位可以将建设工程合同范围内包括的工程、货物、服务等不属于依法必须招标的项目,可直接进行发包。如果属于依法必须进行招标的项目且达到国家规定的规模标准的,未进行招标所签订的分包合同无效。但对于设计深度不足、工期要求紧张等各种情形以及无法确定价格的项目工程以暂估价形式包括在工程总承包范围内且属于依法必须招标的,应当依法进行招标,并以此取代暂估价,调整合同价款。在二次招标中应依据招标文件中明确的内容,确

定二次招标中标单位。

7. 暂估价项目的招标模式分哪几种？

答：根据《建设工程工程量清单计价规范》（GB 50500—2013）条款中"9.9 暂估价"规定：

（1）发包人在招标工程量清单中给定暂估价的材料、工程设备属于依法必须招标的，应由发承包双方以招标的方式选择供应商，确定价格，并应以此为依据取代暂估价，调整合同价款。

（2）发包人在招标工程量清单中给定暂估价的材料、工程设备不属于依法必须招标的，应由承包人按照合同约定采购，经发包人确认单价后取代暂估价，调整合同价款。

（3）发包人在工程量清单中给定暂估价的专业工程不属于依法必须招标的，应按照本规范第 9.3 节相应条款的规定确定专业工程价款，并应以此为依据取代专业工程暂估价，调整合同价款。

（4）发包人在招标工程量清单中给定暂估价的专业工程，依法必须招标的，应当由发承包双方依法组织招标选择专业分包人，并接受有管辖权的建设工程招标投标管理机构的监督，还应符合下列要求：

1）除合同另有约定外，承包人不参加投标的专业工程发包招标，应由承包人作为招标人，但拟定的招标文件、评标工作、评标结果应报送发包人批准。与组织招标工作有关的费用应当被认为已经包括在承包人的签约合同价（投标总报价）中。

2）承包人参加投标的专业工程发包招标，应由发包人作为招标人，与组织招标工作有关的费用由发包人承担。同等条件下，应优先选择承包人中标。

3）应以专业工程发包中标价为依据取代专业工程暂估价，调整合同价款。

8. 暂估价不属于招标的，暂估价如何进行计价？

答：一般不属于招标的，应由工程总承包单位按照合同采购，经发包单位确认单价后取代暂估价。还可以由总承包单位根据当地计价规则、计价办法和通过当地市场调查取得的有效的市场价格提出变更工程项目的单价，并报发包单位同意后进行调整。如暂估价部分符合必须招标的条件，而未进行招标，所签订的分包合同将因违反《招标投标法》等法律规定而无效，招标单位还应承担相应的法律责任。

在实际工作中还需要注意在合同专用条件中对采用什么方法调整进行约定。根据约定需要确认的一定要经过确认。不要完成了再去完善确认，这样有可能会给企业带来损失。

9. 总承包单位是否有资格参与暂估价的二次招标？

答：总承包单位有资格参与暂估价的二次招标。在工程项目整体进行招标时，由于暂估价工程的招标价格是由发包单位拟定的价格，总承包单位并未对暂估价工程进行过竞价，在投标报价时也没有明确暂估价项目的价格，实质上来说，暂估价工程在初次招标时并没有进行价格上的招标。《招标投标法实施条例》第29条规定："以暂估价形式包括在总承包范围内的工程、货物、服务属于依法必须进行招标的项目范围且达到国家规定规模标准的，应当依法进行招标。"如果不进行招标就会存在以化整为零方式规避招标的法律风险。但作为总承包单位有资格参与暂估价的二次招标，并且在同等条件下，应优先选择总承包单位中标。

工程总承包单位对暂估价工程未进行价格的竞标和投标，并不意味着总承包单位项目中的暂估价工程是可以和其他工程分割出来。如果暂估价项目由总承包单位承接，需对整个项目总负责；如果是由总承包单位以外的第三方承接，总承包单位需要对整体项目负管理责任，需要对项目的安全、质量、进度进行管理把控，并对暂估价项目的施工履行总承包的配合义务，并收取一定的总承包服务配合费。

10. 中标无效是否导致建设工程施工合同无效？

答：招标投标程序应遵循"公开招标、择优录取"的原则。依据《招标投标法》第45条第2款的规定："中标通知书对招标人和投标单位具有法律约束

力"，中标是发包单位与承包单位签订施工合同的前提条件，只有符合法律、法规规定的中标，才能形成有效合法的建设工程施工合同。从《招标投标法》的立法目的及宗旨出发，违反招标投标程序，对建设工程项目必须进行招标而未进行招标或者中标无效后订立的建设工程施工合同，应当认定无效。

11. 有哪些情形应当认定中标无效？

答：中标无效必然导致建设工程施工合同无效。实际操作中招标主体实施以下违反《招标投标法》行为的应当认定未中标无效：

（1）发包单位违法泄露招投标资料或与投标单位就投标价格和投标方案等实质性内容进行谈判，影响中标结果，或在所有投标被评标委员会否决后自行确定中标单位，以及在评标委员会依法推荐的中标候选单位以外确定中标的；

（2）承包单位与其他投标单位或者与发包单位串通进行投标，或以向发包单位或者评标委员会成员行贿的手段谋取中标，或以他人名义投标，骗取中标的；

（3）招标代理人或评标委员会违反《招标投标法》可能影响中标结果的。

12. 出借资质的单位是否对出借资质造成的损失承担责任？

答：在工程质量发生纠纷中，挂靠单位和被挂靠单位对发包单位共同侵权，承担连带赔偿责任。赔偿后就内部责任上可以按照份额承担相应责任。因为在总承包合同中的权益实际由挂靠单位享有，实际义务是由挂靠单位承担，而被挂靠单位只是收取了一定的管理费，所以，可以考虑被挂靠单位在收取了一定管理费的范围内承担相应责任。如果发包单位明知存在挂靠关系，也明知被挂靠单位就只是出借资质，则实际上发包单位与挂靠单位形成事实上的施工合同关系，由此发包单位也没有采取制止，应当可以视为发包单位参与到该违法行为中，也就是说发包单位也存在一定的过错，应当承担一定的过错责任。所以，被挂靠单位仍应在收取一定管理费的范围内承担相应责任，对发包单位依然承担连带责任。

13. 签订合同中范围、工期、质量、价款与招投标文件不一致是否以招投标文件结算工程价款?

答:依据《建设工程施工合同司法解释(一)》第 22 条规定:"当事人签订的建设工程施工合同与招标文件、投标文件、中标通知书载明的工程范围、建设工期、工程质量、工程价款不一致,一方当事人请求将招标文件、投标文件、中标通知书作为结算工程价款的依据的,人民法院应予支持。"

14. 中标通知书发出后,当事人未签订书面合同进场施工,结算价款应如何解决?

答:在当事人未签订书面合同,实际中标人已经进场施工,招标人没有阻止和反对,那么当事人事实上已经在履行双方根据招标投标文件订立的合同,招标投标文件的内容对于当事人都具有约束力。虽然当事人之间不存在中标合同,但这并不影响当事人根据招标投标文件履行各自的权利义务,所以,当事人请求将招投标文件作为结算工程价款依据的,人民法院应予支持。

其次,如果当事人因为在工程实施细节方面没有未达成一致意见或者一方当事人悔标而不愿意签订建设工程施工合同,那么当事人尚未开始履行招标投标文件所确定的权利义务的内容,对此,就不存在结算工程价款的问题。

15. 非必须招标工程项目招标后,当事人另行订立合同是否支持?

答:发包单位将依法不属于必须招标的建设工程进行招标后,与总承包单位另行订立的建设工程施工合同背离中标合同的实质性内容,当事人请求以中标合同作为结算建设工程价款依据的,人民法院应予支持,但发包单位与总承包单位因客观情况发生了在招标投标时难以预见的变化而另行订立建设工程施工合同的除外。

非必须招标工程招标后客观情况发生变化是指当事人意志以外的与建设工程有关的客观事实,客观情况发生变化会导致当事人之间的等价关系发生一定的变化。客观情况发生的变化还必须是当事人在招标投标时难以预见的,如果客观情况的变化是当事人能够预见或应当预见的正常的商业风险,就是客观情

况发生变化，也不能适用该上述规定。

16. 材料、 设备、 人工价格发生重大变化是否予以调整?

答：材料价格、工程设备价格的变化属于市场风险，当事人应有一定的承担风险意识，但如果市场价格发生了重大变化，超出了当事人能够承受的幅度或者有合同约定的一定比例的幅度，继续履行合同会导致当事人等价关系发生动摇，严重失去公平原则，应当允许当事人在这种情形下另行订立合同对合同相关条款进行变更。

在这里需要说的是，原材料或工程设备价格的范围应当有所限制，原材料的范围一般为主要材料，是在建设工程中用量较大、占工程造价比例较高的材料。原材料价格发生重大变化对于工程造价的影响比较大，应当允许当事人在招标后另行订立合同对工程价款进行调整，该做法不属于背离中标合同。

市场上人工单价也是对工程造价影响很大的一个因素，人工单价一般由当地各省级或行业建设主管部门发布的人工费调整文件进行规范。由于建设工程施工周期较长，人工单价在某地域、某个时间可能会经历多次变化调整，如果超过各当地规定的涨跌幅度或当事人约定的一定涨跌幅度，不允许当事人对人工单价发生的波动进行调整既不符合建设工程实际情况，也有失公平原则。与原材料价格发生重大变化类似，人工单价变化在一定幅度内应视为正常的市场风险，可认为属于客观情况发生了重大变化。

17. 实际工作中的 “内部招标” 如何理解?

答：依据《招标投标法》第 10 条规定，招标分为公开招标和邀请招标。在实际工作中还有一种叫作“内部招标”的情形，即内部招标活动中招标人的自主招标，一般招标人自己编制招标文件并组织评标，不在公共交易市场进行。这种情况下招投标活动也不在招投标行政主管部门备案。

内部招标一般包括场外招标、分包或转包中的招标、自行组织的招标、自愿招标以及内部单位之间的竞争性招标等类型。这种内部招标在多数情况下并非限于企业内部，也有一定的公开性，投标人也具有一定的不特定性，只是招

标人自认为其招标行为属于内部行为、不涉及企业之外的第三人的利益，不应受到《招标投标法》以及监管部门约束。

"内部招标"这一词并不是严谨的法律术语，在实际工作中如采用内部招标，要严格审查其是否属于《招标投标法》规定的招投标活动。在符合《招标投标法》规定的情况下，内部招标中的自主招标、场外招标等活动属于《招标投标法》规范的招投标活动，发生相关纠纷时，也应适用《招标投标法》规定。

需要注意的是，对于招投标活动完全局限于企业或单位内部，不涉及企业之外第三人的利益，未扰乱基本的招投标市场秩序，一般不适用《招标投标法》规定。

18. 哪些情形属于中标无效？

答：根据《招标投标法》的规定，存在六种中标无效的情形：

（1）招标代理机构违反法律规定，泄露应当保密的与招标投标活动有关的情况和资料的，或者与招标人、投标人串通损害国家利益、社会公共利益或者他人合法权益的；

（2）依法必须进行招标的项目的招标人向他人透露已获取招标文件的潜在投标人的名称、数量或者可能影响公平竞争的有关招标投标的其他情况的，或者泄露标底的；

（3）投标人相互串通投标或者与招标人串通投标的，投标人以向招标人或者评标委员会成员行贿的手段谋取中标的；

（4）投标人以他人名义投标或者以其他方式弄虚作假，骗取中标的；

（5）依法必须进行招标的项目，与投标人就投标价格、投标方案等实质性内容进行谈判的；

（6）招标人在评标委员会依法推荐的中标候选人以外确定中标人的，依法必须进行招标的项目在所有投标被评标委员会否决后自行确定中标人的等。

19. 工程量清单与定额计价有哪些区别和联系？

答：在实际工作中，常会出现把清单计算工程量规则和定额计算工程量规则弄不清楚，对工程量清单和定额两者的作用也不清楚的情况；常出现由于建设工程工程量清单漏项、工程量的计算差异等引起的纠纷。工程量清单计算的是"量"，而定额计算的是"价"，两者有不同。

建设工程定额是指在正常施工生产条件下，完成一定计量单位产品的人工、材料、机械和资金消费的规定额度。定额计价法的特点可以归纳为一个字"套"，即套定额。求得直接费，再以直接费为基数，套用有关定额取费费率，计算各项费用、利润、税金，求得工程造价。

工程量清单是建设工程的分部分项工程项目、措施项目、其他项目和税金的名称和相应数量等的明细清单。采用工程量清单计价时，将施工过程中的实体性消耗和措施性消耗分开：对于措施性消耗只列出项目名称，由投标单位根据招标文件要求和施工现场、施工方案自行确定，以体现以施工方案为基础的造价竞争；对于实体性消耗费用，则列出具体的工程数量，投标单位列出每个清单项目的综合单价。

20. 数份合同被认定无效后应该如何处理？

答：数份合同被认定无效后，应当参照哪份合同折价补偿，按照以往司法实际操作，至少有以下几种处理方法：

（1）以中标价为准。主要是经过公开招标投标程序确定的中标价是公平公正的，最符合招投标各单位的真实意思。

（2）以中标合同为准。鉴于中标后签订的中标合同经过公开招标进行的，是在有关主管部门监督下，具有公开性。

（3）以最后签订合同为准。当事人先后签订数份合同，存在多个意思表示一致，最后签订的合同才是最符合双方意愿的。

（4）以实际履行合同为准。考虑到当事人之间存在串通、谋划、虚伪意思表示的可能，应以当事人实际履行行为判断哪份合同才是其真实意愿表示。

第五章

合 同 效 力

1. 资质条件对工程总承包合同效力有哪些影响？

答：房屋建筑和市政基础设施项目采用工程总承包的，总承包单位应同时具备与"工程规模"相适应的建设工程设计和施工资质，但不宜因发包时总承包单位仅具备设计或施工资质之一而认定工程总承包合同无效。

除房屋建筑和市政基础设施项目以外的建设工程采用工程总承包的，应根据相关行业行政主管部门的要求确定，但不宜因招标时总承包单位仅具备设计或施工资质之一而认定工程总承包合同无效。

如果总承包单位没有同时具备设计和施工资质导致工程总承包合同无效继续履行时，一方当事人请求解除工程总承包合同的，应予支持。

案例1：一项电力工程。根据《建筑业企业资质标准》的规定，承包本案工程需要具备电力工程施工总承包三级资质。而在某施工公司承包本案工程时只具有机电工程施工总承包二级资质，并不具有电力工程的施工资质，截至法庭辩论终结前也没有取得电力工程施工资质。由于某施工公司未取得电力工程施工总承包资质而签订讼争合同承包电力工程，讼争合同被认定为无效。

案例2：某甲施工公司诉请三家公司被告共同支付桩基础及临建设施设备工程价款，被告某设计公司、某岩土公司则以某甲施工公司没有施工资质、并未接收临建设施设备及桩基础结价款应扣除税款为由进行抗辩，且以桩基础工程不合格致其受损为由提起反诉，要求某家施工公司承担补救费用、检测费用及增值税。法院对此应认为，本案建设工程施工合同因某甲施工公司不具备相应施工资质而无效。

2. 因实施方未取得相应资质和手续导致合同无法继续履行时，如何解决？

答：在确认工程总承包单位的双资质要求并不必然影响合同效力的基础上，

若因项目建设过程中，实施方未取得相应资质和手续导致合同无法继续履行时，根据需要区分不同情形采用适用的法律、法规来解决履行障碍：

（1）如果总承包合同中将其作为约定解除事项的，可适用《民法典》第562条的规定"当事人协商一致，可以解除合同。当事人可以约定一方解除合同的事由。解除合同的事由发生时，解除权人可以解除合同。"

（2）如果总承包合同中没有将其作为约定解除事项且符合法定解除要件的，可适用《民法典》第563条的规定"有下列情形之一的，当事人可以解除合同：

（一）因不可抗力致使不能实现合同目的；

（二）在履行期限届满前，当事人一方明确表示或者以自己的行为表明不履行主要债务；

（三）当事人一方迟延履行主要债务，经催告后在合理期限内仍未履行；

（四）当事人一方迟延履行债务或者有其他违约行为致使不能实现合同目的；

（五）法律规定的其他情形。

以持续履行的债务为内容的不定期合同，当事人可以随时解除合同，但是应当在合理期限之前通知对方。"

（3）如果总承包合同中没有将其作为约定解除事项但不符合法定解除要件的，可根据诚实信用原则处理。关于诚实信用原则在合同解除问题的适用，可参见《全国法院民商事审判工作会议纪要》（〔2019〕254号）第48条的规定。

3. 用地规划许可证与工程规划许可证对施工合同效力有哪些影响？

答：根据《中华人民共和国城乡规划法》（以下简称《城乡规划法》）的规定，规划许可证分为"建设用地规划许可证"与"建设工程规划许可证"，在工程总承包模式下不做具体的区分。工程总承包项目在招标时通常不具备办理建设规划审批手续的条件，从逻辑思维上不能以建设规划审批手续作为工程总承包合同效力的因素。虽然建设规划审批手续不必然影响工程总承包合同的效力，但其对工程总承包合同的履行很大影响。在没有取得规划审批手续而导致总承包合同无法继续履行的项目，应当允许当事人解除总承包合同。在当事人以签

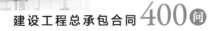

订工程总承包合同时发包单位还没有取得建设规划审批手续为由，请求确认合同无效的，人民法院不予支持；因当事人签约后没有取得规划审批手续导致总承包合同无法继续履行的，一方当事人请求解除工程总承包合同的，应予支持。但是在起诉前发包单位取得建设工程规划许可证等规划审批手续的除外。

发包单位能够办理审批手续而未办理，并以未办理审批手续为由请求确认建设工程合同无效的，人民法院不予支持。

4. 在工程总承包模式下，发包条件与规划许可证取得是否有关系？

答：《房屋建筑和市政基础设施项目工程总承包管理办法》第 7 条规定："建设单位应当在招标前完成项目审批、核准或者备案程序。采用工程总承包方式的企业投资项目，应当在核准或者备案后进行工程总承包项目发包。采用工程总承包方式的政府投资项目，原则上应当在初步设计审批完成后进行工程总承包项目发包；其中，按照国家有关规定简化报批文件和审批程序的政府投资项目，应当在完成相应的投资决策审批后进行工程总承包项目发包。"从以上内容也可以看出，采取工程总承包模式的，无论企业投资项目，还是政府投资项目，其发包条件均与建设用地规划许可证的取得与否并无直接关系。

需要注意的是，以上是在工程总承包模式下，而在施工总承包模式下要在取得用地规划许可证后方可进行招标，因为两者招标的时间节点不同。

5. PPP + EPC 模式下工程总承包合同效力如何？

答：对于已通过招标方式选定投资人的特许经营项目，投资人如果同时具备设计与施工资质的，工程总承包项目可以不进行招标，未经招标投标程序签订的工程总承包合同应认定为有效。

对于已通过招标方式选定投资人的非特许经营项目，即使投资人同时具备设计与施工资质的，工程总承包项目也必须依法进行招标，未经招投标程序签订的工程总承包合同应认定为无效。

对于通过询价、竞争性谈判、竞争性磋商、单一来源采购等非招标方式选定投资人的特许经营项目，即使投资人同时具备设计与施工资质的，工程总承

包项目也必须依法进行招标，未经招投标程序签订的工程总承包合同应认定为无效。

这也就是说，无论是"非招标方式选定投资人"还是"非特许经营项目的投资人"，均不得享有避免"二次招标"或"两招并一招"的程序便利。以上的适用范围不限于政府和社会资本合作（public‐private‐partnership，PPP）＋EPC 模式。"两招并一招"的法律依据，主要来源于《招标投标法实施条例》第9 条的规定。

6. PPP＋EPC 模式的优势主要体现在哪几个方面？

答：PPP＋EPC 模式的优势主要体现在哪几个方面？

（1）减轻政府财政压力，创新项目融资模式；

（2）政府方和社会资本方取长补短，发挥各自优势，弥补对方不足；

（3）设计方案更为合理；

（4）适应工程建设市场和企业需要，提高经济效率；

（5）把 EPC 模式的资源整合管理方式融入 PPP 模式；

（6）避免"二次招标"。

7. PPP 项目中的建设工程是否适用强制性招标的规定？

答：PPP 项目中的工程建设部分通常都属于大型基础设施、公用事业等关系社会公共利益、公众安全的建设工程，从其投资建设工程部分规模标准来看，不管单项金额还是工程项目总投资额都超过限额。因此，如果无其他相同效力层级的法律法规做相反或除外性规定，则 PPP 项目实施中的建设工程部分，应当按照《招标投标法》等法律法规采取招标方式选定施工主体。在建设单位选择采用工程总承包模式实施建设工程的情况下，依照《房屋建筑和市政基础设施项目工程总承包管理办法》第 8 条规定："工程总承包项目范围内的设计、采购或者施工中，有任一项属于依法必须进行招标的项目范围达到国家规定规模标准的，应当采用招标的方式选择工程总承包单位"。

8. 在 PPP 项目中特许经营项目是怎么回事?

答:特许经营项目,是指政府将公共基础设施和公用事业的特许经营权出让给投资人并签订特许经营协议,由其组建项目公司负责投资、建设、运营的项目。行政法规中仅仅明确该规定可以适用于特许经营项目而并非所有的 PPP 项目。目前尚无任何法律法规明确规定特许经营项目和 PPP 项目二者是含义相同、可以互相替换的概念,特许经营项目仅仅是 PPP 项目中的一部分,PPP 项目是比特许经营项目更加宽泛的一个概念。

9. 融资＋EPC 模式分为哪几种?

答:分为三种。

(1)股权型融资＋EPC;也就是 EPC 总承包商与项目单位共同出资成立项目公司,项目公司在项目承接主体的协助下筹措项目建设资金,用于支付 EPC 工程总承包费用;

(2)债权型融资＋EPC;也就是 EPC 总承包商以委托贷款、信托贷款或者借款等方式向项目单位提供建设资金,由项目单位用于支付 EPC 工程总承包费用;

(3)延付型融资＋EPC;也就是 EPC 总承包商先行融资建设,EPC 工程总承包费用在建设期间部分支付,剩余部分由项目单位延期,或者在合同中设置项目单位可以选择将部分或者全部 EPC 工程总承包费用延期支付的权利。

10. 承包单位将非主体部分分包, 该分包合同是否有效?

答:法律法规的强制性规定规制的对象是分包合同的缔约前提或缔约要素,即总承包单位与第三人签订分包合同应当以发包单位同意为前提,而并非分包合同内容。在《建筑法》《民法典》《建筑工程质量管理条例》等法律、行政法规中并没有禁止总承包单位将非主体部分建设工程交由第三人来完成分包工作的行为本身,分包合同缔约人的意思表示本身并没有违法,对分包合同缔约应当经发包单位同意这一要素的违背,不应该认定该分包合同无效。虽该情形违

反了《建筑法》《民法典》《建筑工程质量管理条例》法律、行政法规的强制性规定，但这些强制性规定不应该导致分包合同无效，也就是说该强制性规定不属于效力性强制性规定。

所以，除工程主体部分设计或工程主体结构施工外，总承包单位自行将其承包的部分工作交由第三人完成，当事人仅以没有经发包单位同意为由主张分包合同无效的，不予支持。

11. 建设工程分包行为是否产生法律后果？

答：总承包单位在订立工程总承包合同时，对分包工程约定需经发包单位同意，而在实际工作中未经发包单位同意而擅自分包工程，侵害了发包单位的合法权利，分包合同对发包单位不产生约束力。发包单位可以追究总承包单位的违约责任，可以依法或依约解除合同，也可以依法追究总承包单位或分包单位的侵权责任。

如果分包合同被认定为无效，其法律后果将导致分包单位仅能就已实施的分包工程参照合同约定的价格获得分包工程价款，可能就丧失追索损害赔偿的权利。这既不影响无过错的发包单位的权益，还会让有过错的总承包单位从其违法分包行为中获益，造成不公平的法律后果。

综上所述，根据《民法典》第153条第1款的规定，针对仅没有经发包单位同意擅自分包工程的违法分包行为，从规范对象、所保护的法益类型及违法后果这三个方面综合考察，可以认定该违法分包情形不构成对法律、行政法规效力性强制性规定的违反，不应导致分包合同无效。

还需要注意的是，总承包合同约定总承包单位可以自由选择分包单位而无须取得发包单位同意，因在合同中进行约定，所以不属于没有经发包单位同意擅自分包的情形。约定是很重要的，一定要引起注意，避免给单位带来不必要的纠纷。

12. 总承包单位有哪些情形分包合同无效？

答：工程总承包项目或招标单位要求总承包单位应当同时具有设计和施工

资质的，兼具设计和施工资质的总承包单位将工程主体部分设计或工程主体结构施工（钢结构工程除外）分包给他人的，分包合同无效。

对于总承包单位仅需具有设计或施工资质的工程总承包项目，按照下列情形分别处理：

（1）针对设计单位而言：发包单位要求总承包单位具有设计资质的，仅具有设计资质的总承包单位将工程主体部分设计分包给他人的，分包合同无效；仅具有设计资质或同时具有设计和施工资质的总承包单位将工程主体结构施工分包给他人的，当事人以工程主体工作不得分包为由主张分包合同无效的，不予支持。

（2）针对施工单位而言：发包单位要求总承包单位具有设计施工资质的，仅具有施工资质的总承包单位将工程主体结构施工（钢结构工程除外）分包给他人的，分包合同无效；仅具有施工资质或同时具有设计和施工资质的总承包单位将工程主体部分设计分包给他人的。当事人以工程主体工作不得分包为由主张分包合同无效的，不予支持。

13. 合同约定的工期明显低于定额工期，对工期条款效力有哪些影响？

答：是否会影响合同效力，取决于是否存在损害建筑质量安全及影响建筑业市场健康发展。如没有危害建筑质量的安全，也没有影响建筑业发展，不应影响合同条款效力。对于工程总承包合同约定工期明显低于定额工期，并且总承包单位不具备按照约定工期竣工的能力，执行约定工期将造成工程质量低于工程建设强制性标准的，属于任意压缩合理工期。一方当事人主张工程总承包合同约定的工期条款无效，应予支持。

工程总承包合同约定工期明显低于定额工期，但是，要经综合考量总承包单位的管理经验、技术、设备、施工水平和防护方案等方面后，总承包单位具备按照约定工期执行的能力，执行约定工期能够满足工程建设强制性标准的，不属于任意压缩合理工期。一方当事人主张工程总承包合同约定的工期条款无效，不予支持。

14. "优化工期" 和 "任意压缩合理工期" 如何区分?

答：如果工程总承包单位具有很高的管理水平能力，并且也有能力通过压缩关键工作缩减工期来满足合同的约定，应当属于"优化工期"。

如果通过打乱施工流程，违背工程建设规律，打乱、挤占、取消必要施工流程，违反国家强制性标准，导致工程质量降低，则应当属于"任意压缩合理工期"。

对于优化工期的情况，既没有危害建筑质量的安全，也没有影响建筑业发展，不应影响合同条款效力。而对于任意压缩合理工期的情况，很可能因此导致建筑质量达不到国家强制性标准、行业不良竞争进一步加剧的恶果，应当结合《中华人民共和国标准化法》（以下简称《标准化法》）及《建设工程质量管理条例》等法律法规的规定和《第八次全国法院民事商事审判工作会议（民事部分）纪要》等文件的精神，会确认合同约定工期条款无效。

15. 合同中的实质性内容都有哪些内容?

答：具体工程总承包合同中的实质性内容包括与工程范围、建设工期、工程质量、工程价款、工程变更和调整、性能、技术与设计条款等内容有关的条款。

经招标投标的工程实施过程中，发包单位和工程总承包单位经过协商修改工程总承包合同实质性内容，如果属于根据工程实施需要而进行的合理调整，一方主张对该修改背离招投标文件确定的合同实质性内容而无效的，不予支持。

由于工程总承包模式的特殊性、复杂性，对于经招标投标的工程，发包单位和工程总承包在工程实施过程中进行合理修改招标投标文件确定的实质性内容的，该修改的内容应对双方有效的。

16. 合理修改招投标文件的实质性内容是否就有效?

答：相较于传统的工程建设组织模式，工程总承包模式具有显著特点。建设工程总承包项目一般投资额大、技术性复杂、管理难度大、施工周期长，建

设工程总承包合同中总包单位对工程的质量、安全、工期、造价全面负责，其义务涵盖的范围更广泛，包括设计、采购和施工三个环节或设计、施工两个环节的内容。在招标投标时，发包单位和工程总承包单位难以明确所有的合同实质性内容。随着工程实施和设计进度深入，施工范围、工程量、工期、工程价款等实质性内容才能够逐步明确和确定，与招标投标时的差异也逐渐显现。这也正是因为工程总承包模式存在上述特殊性，招标投标后再协商修改合同实质性内容的情况并不鲜见，也是顺利工程实施的必然要求。因此，对于能够证明修改合同实质性内容属于根据工程实施需要而做的合理性调整的，应认定该修改对双方有效。

17. 工程建设中的规范标准包括哪些？

答：我们在工作中常会用到规范和标准，首先要理解什么是标准。依据《标准化法》的规定，标准是指某一行业领域需统一的技术要求，包括国家标准、行业标准、地方标准和企业标准等。其中国家标准还分为强制性标准、推荐性标准，行业标准和地方性标准是推荐性标准。强制性标准必须执行，国家鼓励采用推荐性标准，即我国的标准化体制为"强制—推荐双轨并存"。建设工程领域的强制性标准包括质量、安全、卫生和环境保护等方面的标准。强制性标准是工程领域最低技术、质量等方面的标准要求。

建设工程领域强制性标准繁多，涉及勘察、设计、施工、造价等方面，违反强制性标准导致工程质量、安全问题，应依法认定违反强制性标准的约定无效。但对于特殊的强制性标准，如《建设工程工程量清单计价规范》中的经济性强制性标准，违反该标准并不必然导致工程质量问题，认定合同效力时还应当结合立法宗旨和公平原则进一步判断。在我们工作中要认真查阅工程合同条款中有无违背强制性标准的，避免带来不必要的纠纷。

18. 如何判断工程标准中的强制性标准？

答：建设工程领域的强制性标准包括质量、安全、卫生和环境保护等方面的标准。强制性标准是工程领域最低技术、质量、安全等方面的标准要求。在

工作中，应结合标准编号、条文内容和条文出处等综合判断。根据《工程建设国家标准管理办法》（建设部令第 24 号）第 29 条的规定，强制性国家标准的编号为 GB 50×××—××。但是，还需要注意的是，在编号为 GB 50×××—×× 的标准中的条文可能并非全部条文都为强制性条文，还应结合条文内容进一步判断。所以一定要仔细看条文里的内容，不要盲目作出结论。强制性标准是工程领域最低技术、质量等方面的标准要求，违反此类标准，一般将导致建筑物质量安全问题，进而危害社会公共利益。《标准化法》已明确"强制性标准必须执行"。因此，根据《民法典》第 153 条的规定，工程总承包合同约定的标准低于强制性标准的，违反法律、行政法规的强制性规定，应认定该约定无效。

19. 哪些标准是强制性标准？

答：依据《工程建设国家标准管理办法》（建设部令第 24 号）第 3 条规定，下列标准属于强制性标准：

（1）工程建设勘察、规划、设计、施工（包括安装）及验收等通用的综合标准和重要的通用的质量标准；

（2）工程建设通用的有关安全、卫生和环境保护的标准；

（3）工程建设重要的通用的术语、符号、代号、量与单位、建筑模数和制图方法标准；

（4）工程建设重要的通用的试验、检验和评定方法等标准；

（5）工程建设重要的通用的信息技术标准；

（6）国家需要控制的其他工程建设通用的标准。强制性标准以外的标准是推荐性标准。

对于强制性标准的具体内容，由国务院住房和城乡建设主管部门会同有关主管部门确定。

20. 在实际操作中对强制性标准需要注意哪些问题？

答：建设工程领域强制性标准繁多，涉及勘察、设计、施工、造价等方方面面，司法实务中如果一味地机械适用"违反强制性标准的条款无效"，可能造

成判断显失公平的结果。如果该约定因此导致工程价格低于成本价、任意压缩合理工期等情况，进而造成工程质量、安全问题或隐患，则应认定该约定无效。相反，如果该约定仅为双方对计价达成的特殊合意，不会造成工程质量、安全问题，认定该约定无效将导致双方无法按照意思自治履约，甚至结果显失公平，则不应认定无效。

通常情况下，强制性标准与工程质量直接相关，违反强制性标准将导致工程质量、安全问题，应依法认定违反强制性标准的约定无效。但对于特殊的强制性标准，如《建设工程工程量清单计价规范》（GB 50500—2013），违反该标准并不必然导致工程质量、安全问题，认定合同效力时还应结合立法宗旨和公平原则进一步判断。未对工程质量、安全产生影响的，不宜判定合同无效，而应由行政主管部门进行处罚，否则将可能造成显失公平的结果。

21. 工程总承包合同无效对分包合同效力是否有影响？

答：工程总承包合同无效，分包合同当事人以此为由主张分包合同无效的不予支持。对于分包合同是否无效，应当从分包合同本身是否违反法律、行政法规的强制性规定或公共利益等方面进行综合判断。

若工程总承包合同无效，则工程总承包单位就失去工程总承包单位的法律地位，无法履行管理工程总承包项目的义务。相应地，分包合同相应失去继续履行的必要性与可能性，分包单位也无法从总承包单位获取工程款。无法实现分包合同目的，分包单位有权主张解除合同，并且要求总承包单位承担违约责任。

如果是分包合同履行完毕之后，总承包合同被认定无效的，则由于分包合同已经履行完毕，即便总承包单位失去总承包单位的法律地位，也不存在合同解除的必要，因为分包合同的目的已经实现，分包合同当事人以总包合同无效为由要求解除合同的，就不予支持。

22. 分包工程价款高于总承包合同价款的该如何解决？

答：工程总承包合同与分包合同属于两个独立的合同关系，总承包工程价

款与分包合同的价款之间一般相互独立。各分包合同约定的总价款高于总包合同价款的，应由总承包单位自行来承担此风险。总包单位以此为由要求调低分包合同价款或者调高总包合同价款的，不予支持，法律、行政法规规定或者双方当事人约定进行调整的除外。

由于分包合同价款是变更导致工程量增加的，则对应总承包合同的工程量也相应增加，总承包单位提出增加合同价款的应予支持。分包合同价款没有约定或约定不明时，缔约双方不能就合同价款达成补充协议的，按照合同相关条款或者交易习惯确定。仍然不能确定的，按照订立合同时履行地的市场价格履行。

23. 分包合同价格条款支付如何起算时间和支付？

答：在实际工作中，总承包项目从开工到竣工验收往往需要数年的时间。为了降低总包单位的风险，分包合同中可能会约定分包单位所施工的工程或者所提供的设备与货物验收款以建设工程项目通过竣工验收为支付条件，同时分包工程或者相应的设备与货物从建设工程项目通过竣工验收起开始计算。

由于分包单位未必参与到建设工程的全程，并且非总包合同的当事人，往往无法直接参与到建设工程项目竣工验收情况。因此，如果分包单位请求总包单位支付验收款或者质保金，应当由总包单位承担建设工程项目是否已经竣工验收的举证责任。

如果分包工程项目已经通过验收，并且总包单位没有能完成举证责任，则建设工程项目验收款的付款条件应当被视为达成。如果建设工程项目在合理期限内尚未通过竣工验收，并且分包单位举证证明总包单位对此存在有过错的，则应当视为验收款的付款条件已经达成。

如果分包合同中约定质保期自建设工程项目竣工验收起计算，则人民法院与仲裁庭应当结合分包工程项目验收时间、总包单位对建设工程项目没有能竣工验收是否存在过错分包工程项目与建设工程项目的关系等因素综合考量质保期是否已经经过。

案例：总承包单位与分包单位签署分包合同，由分包单位采购暖气片并予以安装，并合同中约定自整体工程竣工验收合格之日起算两年后，总承包单位返还全部质保金。分包项目通过竣工验收三年多时间里，总承包项目一直未通过验收。法院据此认为，分包单位的安装义务至今已经长达三年，在此期间总承包项目未通过验收，应视为怠于履行验收义务，总承包方应当向分包单位支付包括质保金在内的剩余价款。

24. 工程量变更造成工程价款变更的如何调整？

答：在法律、法规规定可以调高或者双方当事人约定可以调整合同价款的情况下，可以支持总承包单位关于调高建设工程项目工程价款或者调低合同价款的请求。各地方高院也对工程量变更导致工程价款的变更进行了规定。建设工程施工合同约定工程价款实行固定总价结算，实际履行过程中，因设计变更导致建设工程的工程量增减或质量标准发生变化，当事人要求对工程价款予以调整的，应当严格掌握，合同对工程价款调整有约定的，依照其约定；没有约定或约定不明的，可以参照合同约定标准对工程量增减部分予以单独结算，无法参照约定标准结算的或当事人对该部分工程价款不能协商的，可以参照签订建设工程施工合同时当地建设行政主管部门发布的计价方法或计价标准结算工程价款。

分包合同是总包合同的重要组成部分，分包合同履行内容的增加或减少意味着对应的分包合同履行工作的内容的增加或减少。如果分包合同价款过高是由于工程量的增加导致的，则对应地总承包合同的工程量增加，工程总承包单位提出增加工程总承包合同价款的，应当予以支持。

25. 对《民法典》所称的"交易习惯"如何理解？

答：在分包合同没有约定价款或者价款约定不明的情况下，应当遵从《民法典》第510条规定："合同生效后，当事人就质量、价款或者报酬、履行地点等内容没有约定或者约定不明确的，可以协议补充；不能达成补充协议的，按照合同相关条款或者交易习惯确定。"第511条规定："当事人就有关合同内容约定不明确，依据前条规定仍不能确定的，适用下列规定：……（二）价款或

者报酬不明确的,按照订立合同时履行地的市场价格履行;依法应当执行政府定价或者政府指导价的,依照规定履行。"。在当事人无法达成补充协议的,应当按照分包合同相关条款或者交易习惯确定;仍然不能确定的,应当按照订立合同时履行地的市场价格履行,依法应当执行政府定价或者政府指导价的,依照规定履行。《最高人民法院关于适用〈中华人民共和国合同法〉若干问题的解释(二)》第 7 条规定:下列情形,不违反法律、行政法规强制性规定的,人民法院可以认定为《合同法》所称"交易习惯"。

(1)在交易行为当地或者某一领域、某一行业通常采用并为交易对方订立合同时所知道或者应当知道的做法;

(2)当事人双方经常使用的习惯做法。对于交易习惯,由提出主张的一方当事人承担举证责任。如果一方当事人举证证明按照交易习惯,分包合同价款没有约定或约定不明时,可以参照总包合同价款计算,则人民法院可以通过该项交易习惯来确定分包合同的价款。

26. 总承包合同与分包合同就质量条款存在差异该如何解决?

答:依据《标准化法》第 2 条、第 3 条规定:"强制性标准必须执行。国家鼓励采用推荐性标准"。对于工程质量而言,工程建设强制性标准为工程质量的最低标准,工程总承包合同或分包合同约定的质量标准低于工程建设强制性标准的,该约定无效。工程总承包合同或分包合同约定的质量标准高于工程建设强制性标准的,该约定有效,对合同各缔约方具有约束力。

工程总承包模式下的分包单位按照其与工程总承包单位的约定实施工程,如果分包工程质量符合分包合同要求,发包单位以分包单位施工部分的质量不符合发包单位与工程总承包单位约定标准为由请求分包单位承担责任的,不予支持。

27. 工程总承包模式下的质量标准与传统的工程施工总承包有什么区别?

答:相较于传统的工程施工总承包模式,工程总承包模式下的质量标准由原来的按照施工图纸施工变为按约建设,质量的内涵比传统模式更广泛。包含

了设计内容，工程质量的内容包含性能与功能要求。工程总承包模式下，工程总承包单位对发包单位是按约、按需建设，但分包单位对工程总承包单位仍然是按图施工。而传统的工程施工总承包模式下，总包单位对发包单位、分包单位对总包单位都是按图施工。因此，工程总承包模式与工程施工总承包模式具有根本的区别。

在工程总承包模式下，如果分包工程的质量不符合分包合同的要求，或者不满足工程建设强制性标准，发包单位有权要求分包单位与工程总承包单位一同就分包工程质量向发包单位承担连带责任，这与传统的工程施工总承包一致。

但是，如果分包单位按照其与工程总承包单位的约定实施工程，且质量符合分包合同的要求，即使工程在性能和功能等方面不满足发包单位与工程总承包单位的质量约定，分包单位既无侵权过错也不违反分包合同的约定，无须向发包单位承担质量责任。

28. "背靠背" 附加条款有几种类型？

答：主要有附期限类型的和附条件类型的。

（1）附期限"背靠背"条款：如分包合同仅约定待发包单位向工程总承包单位支付工程款后一定期限内，总承包单位向分包单位支付相应工程款，而没有明确将发包单位支付工程款作为总承包单位向分包单位支付相应工程款的前提的，总承包单位以发包单位没有支付工程款，因此工程价款支付条件主张为由进行抗辩的，不予支持。

（2）附条件"背靠背"条款：分包合同中约定总承包单位向分包单位支付工程款的前提为发包单位向总承包单位支付相应工程款，当事人主张该约定无效的，不予支持。

29. "背靠背" 的分包合同支付需要注意哪些？

答：分包单位主张总承包单位支付工程款的，应审查分包合同中约定的付款条件是否成就。在分包合同约定的其他付款条件均已成就时，若总承包单位存在不正当阻止分包合同价款付款条件成就行为的，视为付款条件已成就，总

承包单位不得对抗分包单位的付款请求。

总承包单位以发包单位没有付款为由进行抗辩的，应对其与发包单位之间的结算情况、发包单位支付工程款的事实以及该款项与分包合同下工程款的对应关系负有举证责任。是因总承包单位过错导致发包单位没有向总承包单位支付工程款，或者总承包单位不能证明发包单位没有支付相应工程款，并且自身已在合理期限内积极主张债权的，总承包单位不得对抗分包单位的付款请求。

30. 根据事件情况如何判断总承包单位是积极主张债权？

答：应根据案件具体情况判断总承包单位是否积极主张债权。工程总承包单位存在下列情形的，通常可认定没有积极主张债权：

（1）总承包单位仅向发包单位发出催款函等文件。

（2）如果总承包合同约定了强制性的争议解决前置程序（如提起诉讼或仲裁前必须经过谈判、调解等程序），总承包单位不能证明在合理期限内已通过提起或正在进行的强制性前置程序向发包单位主张到期债权。或总承包单位虽然已提起或进行强制性前置，但未能在强制性前置程序中成功向发包单位主张到期债权，其后又未能在合理期限内以诉讼或仲裁方式向发包单位主张到期债权。

（3）如果总承包合同未约定强制性的争议解决前置程序，总承包单位不能证明其已经在合理期限内以诉讼或仲裁方式向发包单位主张到期债权。

经审查认为分包单位主张工程总承包单位支付工程价款的条件尚未成就，应当驳回分包单位的相应诉讼或仲裁请求，但应明确待付款条件成就后，分包单位有权再次向工程总承包单位主张支付工程款。

31. "背靠背" 条款如何理解？

答："背靠背"条款本身并非专业的法律术语，而是由于在长期的建设工程实践中逐渐形成的一种约定俗成的行业用语。一般来说"背靠背"条款是指在有偿合同中，约定负有付款义务的一方，以其获得在其他合同中某第三方的款项作为其支付本合同款项之前提条件的条款（先收款，后付款）。

建设工程实践中，对于"附条件条款"和"附期限条款"的条款并未做区分，而统一称为"背靠背"条款，并且法律法规中对此没有作出规定。如果分包合同明确约定将发包单位支付工程款作为总承包单位向分包单位支付工程款的前提的，应理解为附条件条款。而如果分包合同仅约定在发包单位支付工程款后一定期限内，总承包单位向分包单位支付相应工程款，此种约定应属于附期限条款，即发包单位向总承包单位支付工程款并非分包单位获得支付的前提条件，而仅是当事人对付款时间的约定。

32. "背靠背" 条款对发、 承包单位及分包单位有哪些影响？

答：一般对发包、承包单位及分包单位产生以下影响：

（1）对发包单位来说，虽然发包单位与分包单位之间并无直接合同关系，但分包单位是项目的实施单位，如分包单位无法收取相应的工程费用，对于项目建设工程质量、工期等都会受到影响。

（2）对总承包单位来讲，是总承包单位转移其合同风险，在分包合同中可能有权以没有收到发包单位付款为由暂停工程，还存在分包合同中可能有权以没有收到发包单位付款为由拒绝分包单位的付款请求。

（3）对分包单位来说，其义务未发生变化，但是权利却可能受到了限制。在分包单位完成分包合同约定的义务后，会面临无法收到相应工程款，实际上分包单位为总承包单位或发包单位提供相应的"融资"支持。

33. "背靠背" 条款的附期限条款需注意哪些？

答：在付期限条款中，根据分包合同的约定，在双方明确约定的特定期限或者默示的合理期限内，总承包单位获得发包单位付款并向分包单位支付。需要注意的，总承包单位所负有的付款义务是肯定的，确定或合理的时间一旦经过，无论总承包单位是否取得发包单位的付款，分包单位都有权利得到总承包单位的支付的价款。换言之，在附期限条款下，工程总承包单位不能以付款条件没有成就为由进行抗辩。

案例：某法院案例的分包合同约定当发包单位的银行贷款资金到位并支付给总承包单位后，由总承包单位再支付给分包单位。一审认为，这一约定若视

之为附条件，可能产生两种后果：条件成就时，总承包单位须履行付款义务；条件不成就时，总承包单位将永远免责，无须负担付款义务，分包单位的实体权利消灭。反之，若视为履行期限，那产生一种后果，就是总承包单位应负有付款义务，那只是时间早晚的履行问题。二审认为，银行贷款资金到位的约定是附期限条款，无论支付的工程款来自银行或发包单位自筹，工程总承包单位均都是分包合同下的付款义务人，对于工程总承包单位与分包单位约定的工程款，其支付行为应是确定的、必然的，而非可以支付，也可以不支付。所以，总承包单位以付款条件不成为由拒绝付款的理由不成立。

34. "背靠背" 条款的附条件条款应注意哪些？

答：在分包合同约定发包单位支付工程款作为总承包单位支付相应工程款的前提时，如果是因为总承包单位过错导致发包单位没有给予支付工程款，或总承包单位怠于行使到期债权，则有可能构成《民法典》第159条第2款规定的"当事人为自己的利益不正当地阻止条件成就的，视为条件已经成就"的情形，分包单位就有权要求工程总承包单位支付工程款。

案例：双方在分包合同中约以发包单位支付工程款作为向分包单位支付工程款的前提，但是，总承包单位应证明不存在因自身原因造成发包单位付款条件未成就的情形，而在付款条件已成就的情况下主动向发包单位主张权利。否则，法院认定工程总承包人怠于行使权利构成以不作为形式阻止支付条件的成就，应视为支付条件已成就。在此情况下，分包单位要求总承包单位支付欠付工程款的，应予以支持。工程总承包单位与发包单位之间的结算情况以及发包单位支付工程款的需要对事实承担举证责任，来证明工程总承包单位是积极向发包单位主张了到期债权，否则就不得对抗分包单位的付款请求。

35. 如何理解合同效力及合同效力分为哪几类？

答：合同效力是指法律赋予依法成立的合同所产生的约束力。合同的效力可分为四大类：

（1）有效合同：是指依照法律的规定成立并在当事人之间产生法律约束力

的合同。

（2）无效合同：是相对有效合同而言的，它是指合同虽然成立，但因其违反法律、行政法规或公共利益，因此被确认无效。

（3）效力待定合同：是指合同虽然已经成立，但因其不完全符合法律有关生效要件的规定，因此其发生效力与否尚未确定，一般须经有权人表示承认或追认才能生效。

（4）可变更、可撤销合同：是指当事人在订立合同的过程中，由于意思表示不真实，或者是出于重大误解从而做出错误的意思表示，依照法律的规定可予以变更、撤销的合同。

36. 在理解 "合同实质性内容" 时， 还应注意哪些内容?

答：（1）合同的主要条款是指合同必须具备的条款。欠缺主要条款任何一项，合同就不能成立。依据《民法典》第470条规定，合同的内容由当事人约定，一般包括当事人的姓名或者名称和住所、标的、数量、质量等。合同的主要条款，有一部分是由法律直接规定的，法律规定或者合同性质决定的主要条款决定着合同的类型，并确定了当事人各方权利义务。由当事人约定而形成的主要条款，一般不能决定合同的类型。除法律另有规定或者当事人另有约定外，合同的主要条款包括合同主体即当事人名称或者姓名、标的和数量三方面的条款。通常当事人达成的任何协议主要包括这三个方面的内容，就可以认定合同成立。合同具备主要条款而欠缺其他内容的，当事人可以通过协商补充，也可以按照合同法律制度规定或解释规则予以补充。

（2）合同实质性内容不等同于构成新要约的内容。依据《民法典》第488条规定："承诺的内容应当与要约的内容一致。受要约人对要约的内容作出实质性变更的，为新要约。有关合同标的、数量、质量、价款或者报酬、履行期限、履行地点和方式、违约责任和解决争议方法等的变更，是对要约内容的实质性变更"。

（3）"实质性内容"不是指《民法典》第795条规定的建设工程施工合同的主要内容。依据《民法典》第795条规定："施工合同的内容包括工程范围、建

设工期、中间交工工程的开工和竣工时间、工程质量、工程造价、技术资料交付时间、材料和设备供应责任、拨款和结算、竣工验收、质量保修范围和质量保证期、双方相互协作等条款。"该条款列明了建设工程施工合同应具备的主要内容，这些内容都不能认定为《招标投标法》第46条第1款所规定的"实质性内容"。

37. 对涉及合同实质性内容如何理解？

答：（1）工程范围：应当注意施工过程中，因发包单位的设计变更、建设工程规划指标调整等客观原因，发包单位与总承包单位以补充协议、会谈纪要甚至签证等变更工程范围的，不应当认定为背离中标合同的实质性内容的协议。

（2）建设工期：一般情况，投标人在投标文件中确定的总竣工日期才是决定是否中标的关键因素。

（3）工程价款：需要注意的是改变工程价款的支付方式是否对当事人权利义务产生实质影响。如发包单位未按照约定方式履行支付工程价款的义务，而是通过转移债权（包括以将来收益抵顶）、以房屋或项目抵顶、债权转股权等形式支付工程价款或大幅度延长工程价款支付期限，则对总承包单位的权利义务产生实质性影响。

（4）工程质量：建设工程质量是指依照国家现行有效的法律、法规、技术标准、设计文件和合同约定，对工程的安全、适用、经济、环保、美观等特性的综合要求。建设工程是人们日常生活和生产、经营、工作的主要场所，是人类生存和发展的物质基础。

（5）其他内容：除了建设工程范围、建设工期、工程质量与工程价款外，特定情形下，可能存在背离按照招标文件和中标文件签订的合同的实质性内容的协议，根据建设工程及当事人的具体情况确定。凡是可能限制或者排除其他竞标人的条件都可能构成《招标投标法》第46条第1款中的"合同实质性内容"。所以只列举工程范围、建设工期、工程质量与工程价款，而未排除其他可能的因素。

38. 在 "黑白合同" 的效力问题上还应注意什么?

答:白合同有效是指招标投标程序合法且中标有效,也是认定黑合同无效的前提。如果白合同无效,就不能简单地以白合同作为计算工程价款的依据,而必须根据当事人的真实意思和实际履行情况等因素综合来判断适用哪一份合同,或通过鉴定据实结算工程价款。随着建设工程施工合同备案制度取消后,后面无论是依法必须招标投标的工程项目还是非招标投标的工程项目,当事人可以通过招标投标的方式进行发包与承包,并根据招标投标结果签订建设工程施工合同即可。

还需要注意的是,建筑工程是一项复杂的系统工程,合同履行期限长、变化大等特点,随着施工进度的深入,发包单位与总承包单位因客观情况发生了在招标时难以预见的变化对中标合同进行补充、变更调整。这种补充或者变更协议不构成对白合同实质性内容的违反或者背离。还有就是不能简单地以当事人在招标投标之前签订过具备施工合同实质性要件的意向书、补充协议、承诺书、会议纪要、备忘录等即否定中标合同的效力。

39. 强制性规定分为哪几类?

答:将强制性规定分为效力性和管理性两类,只有违反效力性强制性规定的才无效。

(1)效力性强制性规定:指法律及行政法规明确规定违反了这些禁止性规定将导致合同无效或者合同不成立的;或者是法律及行政法规虽然没有明确规定违反这些禁止性规范后将导致合同无效或者不成立,但是违反了这些禁止性规范后如果使合同继续有效将损害国家利益和社会公共利益的。

(2)管理性强制性规定:指法律及行政法规没有明确规定违反此类规范将导致合同无效或者不成立,而且违反此类规范后如果使合同继续有效也并不损害国家或者社会公共利益,而只是损害当事人的利益的。

40. 对强制性规定的效力性和管理性识别有哪些标准?

答:(1)法律、行政法规明确规定,违反该规定将导致合同无效或不成立

的（属于效力性规定）；

（2）法律、行政法规虽未明确规定，违反其规定将导致合同无效或不成立，但若使违反该规定的合同继续有效将损害国家或社会公共利益的（属于效力性规定）；

（3）法律、行政法规没有规定违反其规定将导致合同无效或不成立，且使违反该规定的合同继续有效也并不损害国家或者社会公共利益，而只是损害当事人个人利益的（属于管理性规定）。

41. 因未取得建设工程规划许可证而合同无效，该如何承担责任？

答：依据《民法典》第 793 条规定，无效施工合同参照合同关于工程价款的约定折价补偿的原则是处理此类案件的一般性原则，在无特殊情况下，例如建筑物被行政主管机关依法拆除、工程质量不合格等，应当参照适用。在实际工作中客观还存在一些政府部门、国有企事业单位、部队等用房虽未取得建设工程规划许可证，但已经实际投入使用的情形。此时如果不参照合同约定结算工程价款，易导致双方权利义务的失衡。另外，如果建筑物在建造过程或者竣工后被行政机关依法拆除的，则该建筑物在法律上与事实上的都无可利用价值，此种情形下适用缔约过失原则对总承包单位进行赔偿更为妥当。因为发包单位有办理建设工程规划审批手续的义务，对施工合同的无效负主要责任，应承担全部或较大的责任。

42. 未取得建设工程规划许可证具体如何认定？

答：根据《第八次全国法院民事商事审判工作会议（民事部分）纪要》关于"违法建筑相关纠纷的处理问题"的第 21 条规定，对于未取得建设工程规划许可证或者未按照建设工程规划许可证规定内容建设的违法建筑的认定和处理，属于国家有关行政机关的职权范围，应避免通过民事审判变相为违法建筑确权。当事人的诉讼请求如果要求确认违法建筑权利归属及内容的，人民法院不予受理；已经受理的，裁定驳回起诉。

43. 超越资质等级签订的工程施工合同是否都无效?

答:也不都是,要根据具体情况来看。因建筑活动所形成的建筑产品是涉及公共安全的特殊产品,建筑产品即建设工程的质量,是建设工程的生命,而建筑施工企业的建筑施工能力是保证建设工程质量的前提条件。所以,要求从事建筑工程的施工、勘察、设计和工程监理咨询等活动的单位,必须在资金、技术、装备等方面具备相应的资质条件。如承包单位超越资质等级许可的业务范围签订建设工程施工合同,在建设工程竣工前取得相应资质等级,当事人请求按照无效合同处理的,人民法院不予支持。在建设工程竣工后取得相应资质等级,当事人请求按照无效合同处理的,人民法院予以支持。

需要注意的是,无效合同是自始至终无效。不允许当事人通过事后补正或实际履行来使合同有效。

44. 劳务分包单位的主要义务、报酬计算方式和附件有哪些?

答:(1) 主要义务如下:

1) 对本合同劳务分包范围内的工程质量向工程承包单位负责;

2) 未经工程承包单位授权或允许,不得擅自与发包单位及有关部门建立工作联系;

3) 劳务分包单位须服从工程承包单位转发的发包单位及工程师指令。

(2) 报酬计算方式如下:

1) 固定劳务报酬;

2) 约定不同工种劳务的计时单价;

3) 确认的工时计算。

(3) 包括的附件如下:

1) 工程承包单位的供应材料、设备、构配件计划;

2) 工程承包单位提供施工机具、设备一览表;

3) 工程承包单位提供周转、低值易耗材料一览表等。

45. 以劳务分包完成的专业工程，对劳务分包合同的效力如何认定？

答：劳务分包，又称劳务作业分包，是指建设工程施工总承包单位或者专业承包单位将其承包工程的劳务作业发包给劳务承包单位完成的活动。劳务作业分包单位可以是建设工程的总承包单位的人员，也可以是专业工程分包单位的人员。

具有劳务作业法定资质的单位与工程总承包单位及其专业工程分包单位签订的劳务分包合同，原则上应属于有效合同。但是，不是所有的劳务分包合同均属于有效合同，依据《民法典》的相关规定，以劳务分包合同之名行肢解工程或专业工程分包之实所签订的劳务分包合同，以及以个人名义进行劳务承包所签订的劳务分包合同，当属于无效合同。

46. 合同无效或被撤销后，承担的责任和构成有哪些？

答：合同无效或被撤销后，无过错的一方请求有过错的一方承担赔偿责任属于缔约过失责任。主要是因为合同无效产生的赔偿损失法律责任，在法律性质上属于缔约过失责任，而非违约责任或者侵权责任，合同无效后承担赔偿责任的，应当满足以下构成要件：

（1）有损害事实存在或有损失发生。通常说是缔约过失造成的损失是信赖利益损失，一般不包括可得利益损失等。

（2）一方当事人具有过错。是一方当事人因合同无效承担赔偿损失责任的实质性构成要件，只有一方当事人具有过错，方可承担相应的民事责任。

（3）过错与损失之间具有因果关系。建设工程合同无效后因工期延误、停工、窝工以及工程质量导致的损失，当事人负责请求赔偿损失的标准及举证责任。

47. 什么是缔约过失责任？

答：是指在合同订立过程中，一方当事人因违背其应依据诚实信用原则所尽的义务，而导致另一方的信赖利益的损失，应承担的民事责任。也就是说，缔约过失责任是指当事人在订立合同过程中，因过错违反依诚实信用原则负有的先合同义务，导致合同不成立，或者合同虽然成立，但不符合法定的生效条件而被确认无效、被变更或被撤销，给对方造成损失时所应承担的民事责任。

所谓先合同义务，又称先契约义务或缔约过程中的附随义务，是指自缔约当事人因签订合同而相互接触磋商，至合同有效成立之前，双方当事人依诚实信用原则负有协助、通知、告知、保护、照管、保密、忠实等义务。

48. 发包人能否对采购方解除合同？

答：如果合同中未约定，采购工作被认定为承揽合同的，可根据《民法典》第772条的规定："承揽人应当以自己的设备、技术和劳力，完成主要工作，但是当事人另有约定的除外。承揽人将其承揽的主要工作交由第三人完成的，应当就该第三人完成的工作成果向定作人负责；未经定作人同意的，定作人也可以解除合同。"但在工程总承包合同中，采购工作只是总承包合同中的一个部分，因此，虽然承揽合同中有关于解除的法律规定，但发包单位并不能轻易解除整个工程总承包合同。如果该采购一个部分可以独立，则发包单位可以主张对该独立部分予以解除；如果采购一个部分不能从整个总承包合同中独立出来，则发包单位一般只能要求总承包单位就此承担违约责任，如果采购一个部分构成整个工程总承包合同的核心义务之一，此时发包单位才可以主张解除整个总承包合同。

49. 咨询单位在发包单位授权范围内、外行为是否承担责任？

答：发包单位委托咨询单位为工程总承包项目提供咨询服务的，咨询单位没有按照国家法律法规、强制性国家标准以及咨询服务合同的约定履行其义务，给发包单位造成损失的，发包单位主张咨询单位承担违约责任，应予支持。

咨询单位在发包单位授权内的行为给总承包单位造成损失的，发包单位承担相应的赔偿责任，应予支持。

咨询单位在发包单位授权外的行为给总承包单位造成损失的，咨询单位赔偿。但发包单位追认的除外；在总承包单位知道或应当知道咨询单位行为超越

其授权范围的，根据双方的过错确定损失的分担，咨询单位的行为构成表见代理的，总承包单位主张发包单位承担相应的赔偿责任，应予支持。

50. 咨询工程师主要的地位和作用有哪些？

答：（1）合同管理：即咨询工程师根据合同的约定，对项目进行具体的合同管理、费用控制、进度跟踪和组织协调等，尤其是对施工进行验工计价和在最终付款时颁发各项证书。

（2）工程设计：在一些情况下，发包单位会聘请参与工程前期设计的咨询工程师负责工程合同的全过程管理，以更好地落实发包单位意图和进行工程变更，控制费用、工期和质量。

（3）施工监理：咨询工程师应通过被动检查和主动进行安全、费用、进度和质量跟踪监督管理承包单位，宏观控制总承包单位在施工中履行合同的情况，并有权根据合同提出警告、要求纠正以及扣除相关费用。

（4）居中裁判：咨询工程师有权根据合同就发包单位和总承包单位的索赔事项进行商定和确定，对于合同履行过程中的大部分技术和经济争议作出准仲裁决定。

51. 发包单位与其委托的咨询单位可否请求承担责任？

答：依据《民法典》第929条规定："有偿的委托合同，因受托人的过错造成委托人损失的，委托人可以请求赔偿损失。无偿的委托合同，因受托人的故意或者重大过失造成委托人损失的，委托人可以请求赔偿损失。受托人超越权限造成委托人损失的，应当赔偿损失。"

发包单位与其委托的咨询单位工作是一种委托合同关系，双方之间的权利义务关系应当按照《民法典》等相关法律、行政法规中有关委托合同的规定进行处理。如果咨询单位违反其职责而造成发包单位损害的，应当基于咨询服务合同和委托合同关系承担相应的赔偿责任。

52. 咨询单位与总承包单位之间是否存在责任承担？

答：在工程总承包项目中，咨询单位与总承包单位通常不存在合同关系，而是由发包单位与咨询单位签订咨询服务协议，委托咨询单位代表发包单位对总承包单位进行管理，再由发包单位与总承包单位签订工程总承包合同，并在其中约定总承包单位在特定范围内服从咨询单位的管理，其管理行为对发包单位发生效力，如果因该授权范围内的管理行为而导致总承包单位遭到损失的，应当由总承包单位直接向发包单位进行索赔。

如果咨询单位造成该等损害是由于其依据的发包单位指令本身存在违法情形，则根据《民法典》第167条的规定，咨询单位不得实施该等违法代理行为，如果其在应当知道发包单位的指令是违法的情形下，仍然依据该指令实施管理行为，则应当与发包单位承担连带责任。

53. 实际施工人能否向转包人、违法分包人或直接向发包单位主张权利？

答：工程总承包纠纷中实际施工人以转包人、违法分包人为被告或被申请人主张权利的，应予受理，实际施工人直接向转包人、违法分包主张权利，或者依据《民法典》第535条的规定行使代位权，其次依据《最高人民法院关于审理建设工程施工合同纠纷案件适用法律问题的解释（一）》第43条规定："实际施工人以转包人、违法分包人为被告起诉的，人民法院应当依法受理。实际施工人以发包人为被告主张权利的，人民法院应当追加转包人或者违法分包人为本案第三人，在查明发包人欠付转包人或者违法分包人建设工程价款的数额后，判决发包人在欠付建设工程价款范围内对实际施工人承担责任。"第四十四条规定："实际施工人依据民法典第五百三十五条规定，以转包人或者违法分包人怠于向发包人行使到期债权或者与该债权有关的从权利，影响其到期债权实现，提起代位权诉讼的，人民法院应予支持。"

54. 对于《招标投标法实施条例》第9条第2项规定："采购人依法能够自行建设、生产"如何理解？

答：该项所述的采购人指符合民事主体资格的法人、其他组织，不包括与其相关的母公司、子公司，以及与其具有管理或利害关系的，具有独立民事主

体资格的法人、其他组织。由于符合本项不需要招标，所以此处使用了"采购人"而非"招标人"这一概念。

例如，某建筑公司是某体育馆项目法人的股东，虽然建筑公司具有体育馆施工的相应资质能力，但因体育馆项目的采购人是独立组建的体育馆项目法人，该项目法人不能没有经招标而将该项目直接发包给建筑公司。所以，该款规定不能作为PPP项目甄选工程建设施工主体时无须再次招标的依据。由此可以看出，PPP项目公司本身不具备自行生产、建设及提供的资质与能力；具备条件的是组成项目公司的股东、联合体成员或投资人。

55. 如何理解合同效力补正？

答：所谓合同效力补正理论，是指当事人所订立的合同因违反法律禁止性规定，导致合同不能满足有效条件，当事人可以通过事后补正或者实际履行来使合同满足有效的条件，促使合同有效。合同效力补正的直接法律后果是使原本无效的合同发生效力上的转化，成为有效合同。

一般补正是指：①资质补正；②权利瑕疵补正；③因法律变更而补正；④合同违法性消除。

合同效力补正时间：合同纠纷案件往往案情复杂，可能涉及质量、工期、价款等争议，审限较长，将效力补正时间节点确定为"起诉前"，以便当事人在启动诉讼时判断相应风险和确定如何主张负担相应义务。

56. 以劳务分包合同之名行专业工程分包之实应如何处理？

答：在建筑工程领域中，很多总承包单位为了降低自身的施工成本、加快施工进度，可能采取支解工程再分包的方式，以达到提高利润的目的。为了规避《民法典》第791条第2款规定："承包人不得将其承包的全部建设工程转包给第三人或者将其承包的全部建设工程支解以后以分包的名义分别转包给第三人"。而且规定总承包单位将自己承包的专业工程交由第三人完成需要"经发包人同意"，总承包单位会与实际施工人签订劳务分包合同，以符合形式上合法的分包合同形式，而实质上的合同内容却是由劳务分包单位去完成的专业工程。

依据《民法典》第 146 条第 1 款"行为人与相对人以虚假的意思表示实施的民事法律行为无效"的规定，基于合同当事人明知劳务分包工作内容虚假，故该劳务分包合同当属于无效合同。具体的处理结果，按照《民法典》第 146 条第 2 款"以虚假的意思表示隐藏的民事法律行为的效力，依照有关法律规定处理"的规定，由于是违法分包进行工程施工，具体应当依据《民法典》第 793 条规定处理。

建设工程施工合同无效，且建设工程经验收不合格的，按照以下情形处理：

（一）修复后的建设工程经验收合格的，发包人可以请求承包人承担修复费用；

（二）修复后的建设工程经验收不合格的，承包人无权请求参照合同关于工程价款的约定折价补偿。

发包人对因建设工程不合格造成的损失有过错的，应当承担相应的责任。"

57. 劳务分包单位不具有资质签订的劳务合同是否有效？

答：劳务分包合同纠纷案件中，如果劳务分包企业不具有相应资质，依据《建筑法》明确规定要求建筑施工企业须有相应资质；同时，《房屋建筑和市政基础设施工程施工分包管理办法》第 8 条第 1 款明确规定："分包工程承包人必须具有相应的资质，并在其资质等级许可的范围内承揽业务。"而且，该办法第 14 条进一步规定，分包工程发包人将专业工程或者劳务作业分包给不具备相应资质条件的分包工程承包人的，属于违法分包。

《民法典》第 153 条第 1 款的规定："违反法律、行政法规的强制性规定的民事法律行为无效。但是，该强制性规定不导致该民事法律行为无效的除外"，劳务分包企业不具有相应资质原则上属于不导致合同无效的情形，不应当就轻易认定劳务分包合同无效还需要进行综合的分析判断来确定。

58. 当事人双方都存在过错该如何承担？

答：在实际工作中，当合同无效后，往往都是一方在承担过错，应当要进行综合分析，如果出现是双方当事人都有一定的过错的时候。应当根据双方当

事人的过错大小，合理划分过错责任。信赖利益损害赔偿也适用过失相抵规则。一般情况下，如果一方出于故意，另一方出于过失，则故意一方承担责任的比例应高于过失一方；如果一方的过错是造成合同无效的主要原因，其承担责任的比例也应高于另一方。但是，如果当事人一方或双方故意订立违法合同而给自己造成财产损失的，应由自己承担。

合同当事人的过错一般根据造成建设工程施工合同无效的原因予以分析确认。如无资质或者超越资质承揽建设工程订立的无效合同，过错一方主要是总承包单位，发包单位出于过失，如对资质疏于审查以及对工程没有及时过程中监督，也存在一定过错；这也是在实际工作中常忽略的，又如法律规定必须招标的建设工程未招标订立的无效合同，过错一方主要责任是发包单位，承包单位承担次要过错责任；再如未办理建设工程施工许可证的，发包单位应承担责任，如果承包单位确有过错的，也应承担相应的责任，等等。

59. 约定索赔权利时效有哪些要件？

答：首先要知道权利失效，是指权利者在相当期间内不行使其权利，依特别情事足以使义务人正当信任债权人不欲使其履行义务时，则基于诚信原则不得再为主张。构成要件主要有：

（1）权利人不行使权利的事实。

（2）权利人不行使权利之状态已使相对方确信其不欲再行使权利。

（3）如果允许权利人再行使权利，会违反诚信原则，使当事人间利益严重失衡。但是从理论上说，该条件的构成还有两个标准：

1）行为标准，即相对人因确信权利人不欲再行使权利而为或不为一定行为。

2）结果标准，若允许权利人行使权利会造成当事人间利益严重失衡的结果。

如果总承包单位没有在约定的索赔期限进行索赔，也就丧失主张工期顺延的权利，上述第（3）个要件作为衡量总承包单位是否失权的参考因素，如果发包单位的行为表明在约定期限后同意工期顺延或者总承包单位提出合理抗辩，

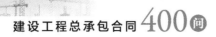

证明发包单位并未信赖总承包单位不再主张工期顺延权利。

60. 数份合同约定不同之处， 主要体现在哪几个方面？

答：根据施工过程中发包单位和总承包单位以及监理单位等往来的签证、会议纪要、工程联系单、通知、函件、工程款收支凭证等证据，对比数份合同约定不同之处，来综合判断当事人采用的施工合同。施工合同约定不同，主要体现在以下几方面：

（1）不同施工合同可能存在施工范围不同。多数指的是后期设计变更、规划调整等原因导致。如果总承包单位对某份施工合同特别约定的施工范围工程进行了施工，就意味着实际履行的施工合同被采用。

（2）不同施工合同可能存在施工工期不同。施工工期约定的变更意味着施工进度也要随之调整，根据当事人双方往来施工进度签证情况来判断当事人究竟是按哪份施工合同约定的工期在履行合同。

（3）不同施工合同可能存在质量标准要求不同。工程质量标准必须符合现行国家有关工程施工质量验收规范和标准的要求，有关工程质量的特殊标准或要求由合同当事人在专用合同条款中约定。如果总承包单位按某份施工合同约定的质量标准进行施工，发包单位知道或应当知道但未及时提出异议，基本可以认定该份合同为实际履行的合同。

（4）不同施工合同可能存在工程价款约定不同。主要表现为合同价格形式不同、付款方式和数额不同等。现行合同价格形式主要有单价合同、总价合同和成本加酬金形式。如果当事人在施工过程中涉及工程价款计算采用的是以施工图、已标价工程量清单或预算书及有关条件进行合同价格计算、调整和确认的，则认定实际履行的是该份合同。

第六章

工 程 价 款

1. 发包单位对总承包单位需提供哪些现场资料？

答：现场资料从字面上理解应为项目有关的现场数据或文字资料。不同于"发包人要求"，现场资料应具备客观性。依据《房屋建筑和市政基础设施项目工程总承包管理办法》第 9 条规定："建设单位应当根据招标项目特点和需要编制工程总承包项目招标文件，其中一项内容包括发包前完成的水文地质、工程地质、地形等勘察资料，可行性研究报告、方案设计文件或初步设计文件等"及《建设工程总承包合同（示范文本）》通用条款第 2.3 条对基础资料进行了约定。其中，"基础资料"是发包单位应按专用合同条件和《发包人要求》中的约定向总承包单位提供施工现场及工程实施所必需的毗邻区域内的供水、排水、供电、供气、供热、通信、广播电视等地上、地下管线和设施资料，气象和水文观测资料，地质勘察资料，相邻建筑物、构筑物和地下工程等有关基础资料。

2. 发包单位对其提供的现场资料是否需要承担责任？

答：发包单位和总承包单位可以通过合同对项目相关的地下、水文及环境等现场资料准确性的责任进行约定。合同未做约定的或约定不明的，应由提供方对其提供的现场资料的准确性负责。

现场资料由发包单位提供的，总承包单位应在合理期限内尽到合理复核义务。

总承包单位以发包单位提供的项目相关的地下、水文及环境等现场资料存在错误为由要求对合同价款进行调整的，应结合项目类型、现场资料对项目的具体影响、双方过错程度、实际损失情况以及过错与损失之间的因果关系等因素进行综合认定。

根据《建设项目工程总承包合同示范文本》通用条款第 1.12 款《发包人要求》和基础资料中的错误承担基础资料错误造成的责任。按照法律规定确需在

开工后方能提供的基础资料，发包单位应尽其努力及时地在相应工程实施前的合理期限内提供，合理期限应以不影响总承包单位的正常履约为限。因发包单位原因未能在合理期限内提供相应基础资料的，由发包单位承担由此增加的费用和延误的工期。

3. 发包单位对其提供的设计文件是否需要承担责任?

答：在工程总承包项目中，总承包单位以发包单位在发包时提供的设计文件存在缺陷为由，主张因此导致的费用增加和（或）工期顺延的，除当事人另有约定外，应当按照以下情形分别处理：

（1）发包单位提供的设计文件不属于总承包单位设计义务范围，或属于总承包单位设计义务范围，但发包单位提供的设计文件并非仅供总承包单位参考，总承包单位不得脱离发包单位提供的设计文件自行设计，主张因此导致的费用增加和（或）工期顺延的，应予支持，但因总承包单位未以一个有经验的总承包单位的能力为标准，在考虑合理的成本后，总承包单位可通过复核，发现发包单位提供的设计文件存在缺陷的期限内发现设计缺陷，或在发现设计缺陷后未及时通知发包单位而导致扩大的费用增加和（或）工期延误除外。

（2）发包单位提供的设计文件属于总承包单位设计义务范围，且不构成对总承包单位的要求的，不予支持。

4. FIDIC 黄皮书（DB）和银皮书（EPC）中设计工作划分为哪几个阶段?

答：在 FIDIC 编制的（FIDIC 合同指南）中将 FIDIC 黄皮书（DB）和银皮书（EPC）中的设计工作划分三个阶段：

（1）概念设计：由发包单位完成，包含在"发包人要求"中，以便界定工程。这部分设计可能只包括不到全部设计 10% 的内容，而且可能需要对"早期想法"和"明确的要求"加以区分。

（2）初步设计：由每一个投标单位完成，包含在投标文件中。

（3）最终设计：由承包单位完成。

基于上文，无论是黄皮书（DB）还是银皮书（EPC）模式下，FIDIC 认为发包单位都可能会完成概念设计工作，并将其包含在采购（招标）文件中。

5. 设计风险如何进行合理分配？

答：从风险合理分配的角度，根据财政部《PPP 项目合同指南（试行）》中规定的、风险理论中比较经典的风险分配原则，风险分配最好能遵循以下基本原则：

（1）承担风险的一方应该对该风险具有控制力；

（2）承担风险的一方能够将该风险合理转移（例如通过购买相应保险）；

（3）承担风险的一方对于控制该风险有更大的经济利益或动机；

（4）由该方承担该风险最有效率；

（5）如果风险最终发生，承担风险的一方不应将由此产生的费用和损失转移给合同相对方。

鉴于以上所讲的原则，考虑发包单位提供的设计文件是由发包单位委托设计单位编制的，其对设计缺陷的风险更加具有控制力，也能够将相关风险转移到设计单位主体上，而总承包单位则难以在报价中估算其未能复核出的设计缺陷的风险，因此，可将相关风险分配给发包单位，也是比较合理和有效率的。总之，发包单位提供的设计文件一定要准确，方可减少风险。

6. 承包单位将不符合国家最低标准的设计缺陷通知发包单位后，仍要求继续施工，承包单位是否承担责任？

答：一般设计缺陷分两种：

（1）不能满足国家最低标准的设计缺陷，因为总承包单位对工程负有法定的质量责任，如果其基于"发包人要求"，按照不符合法定规定和要求的设计文件继续施工的，则存在对工程质量问题的放任过错，且也未尽到减损义务，由此出现的质量问题，总承包单位也应承担部分责任。

（2）满足国家最低标准但低于"发包人要求"（包括性能指标等）的设计缺陷，如果总承包单位提出后，但发包单位仍要求总承包单位按此施工的，应当

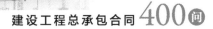

视为发包单位变更了要求，就工程后续不能达到发包单位原先要求的责任，应由发包单位自行承担。

例如，作为专业施工单位，某桩基公司在未看到详细的岩土勘察报告及经过审核的施工图情况下，发现特殊岩土地质情况后虽提出疑问和建议，但是建设单位不予认可仍要求继续施工，对桩基础出现的质量问题采取了一种放任态度。如果该桩基公司应该及时与建设单位就地质情况所带来的问题进行协商，协商不成，明知工程无法继续应当采取措施避免损失的扩大。该桩基公司都可采取停止施工的止损措施，但其为了自己的合同利益继续施工。综上所述，一审确定建设单位对本案工程质量问题的发生应当承担主要责任，桩基公司承担次要责任。二审对责任的比例进行调整由建设单位对本案工程质量问题的发生承担 70% 的责任，桩基公司承担 30% 的责任。

7. 发包单位要求总承包单位修改其已批准的图纸，总承包单位能否主张费用增加和工期顺延？

答：工程总承包项目中，在未变更发包单位要求的情形下，发包单位要求总承包单位修改其此前编制并已取得发包单位批准的图纸，总承包单位因此主张费用增加和（或）工期顺延的，应当按照以下情形分别处理：

（1）发包单位已批准的图纸与"发包人要求"相符的，或者发包单位已批准的图纸虽与"发包人要求"不符，但总承包单位能够证明发包单位在批准时明确知晓且同意不符之处的，应予支持。

（2）发包单位已批准的图纸与"发包人要求"不符，且总承包单位不能证明发包单位在批准时明确知晓且同意不符之处的，不予支持。

需要注意的是，虽然总承包单位为主动提示，但是如果总承包单位能够举证证明发包单位已清晰了解图纸与"发包人要求"之间的不符之处，且发包单位在批准时又明确同意不符之处，则从尊重发包单位真意的角度，认定增加的工期和费用应由发包单位承担。

8. 重新组价部分的价款是否要按照下浮率进行结算？

答：根据《建设工程工程量清单计价规范》（GB 50500—2013）第 9.3.1 条

的规定，在已标价格工程量清单中没有适用也没有类似于变更工程项目的，包括：

（1）变更项目与合同中已有的项目性质不同，因变更产生新的工作，从而产生新的单价，原清单单价无法套用；

（2）因变更导致施工环境不同；变更工程的增减工程量、价格在执行原有单价的合同约定幅度以外；

（3）承包商对原合同项目单价采用明显不平衡报价；

（4）变更工作增加了关键线路工程的施工实践，应由承包人根据变更工程资料、计量规则和计价办法、工程造价管理机构发布的信息价格和承包人报价浮动率提出变更工程项目的单价，报发包人确认后调整。

根据该规范第9.3.2条的规定，按总价（或系数）计算的措施项目费，按照实际发生变化的措施项目调整，但应考虑承包人报价浮动的因素，即调整金额应按照实际调整金额乘以承包人的报价浮动率计算。

9. 如何判断承包单位设计图纸是否满足 "发包人要求"？

答：我们在判断总承包单位设计的图纸是否符合"发包人要求"时，既要看该部分图纸与"发包人要求"的某项或某几项具体要求是否相符，也要将部分图纸连同其他图纸一起综合来考虑，需要从整体上看是否图纸符合"发包人要求"。而不是单单从几项来定的。例如：因为总承包单位可能会分批次分部位提交图纸，就总承包单位提交的局部图纸，可能符合"发包人要求"中的具体要求，也取得了发包单位的批准，但是，当全部图纸完成后，按此设计的工程可能达不到"发包人要求"中规定的性能指标和用途，则总承包单位设计的图纸仍应被认定为不符合"发包人要求"。这个问题要引起高度重视的，不然会造成损失。

10. 招标文件中工程量清单的工程量、 项目特征描述等与实际施工情况不符， 该如何解决？

答：一般原则上是以合同约定为准，如合同未约定或约定不明，发包单位

不对其提供的工程量清单的完整性、准确性负责，清单中列出的任何工程量和价格数据仅限用于变更和支付的参考资料，而不能用于其他目的。所以，在工程总承包项目中，总承包单位以发包单位在发包时提供的工程量清单所列工程量、项目描述等与实际施工情况不符为由，主张调整合同价格的，不予支持。但合同另有约定的除外。

由于工程总承包项目的设计责任是总承包单位承担的，并且基本都采用固定总价的价格形式，固定总价针对的范围是"发包人要求"而不是图纸，所以招标图纸与实际施工图纸的差异风险应属于总承包单位承担的总价风险范围；也正是因为图纸深度不够，即便发包单位提供了工程量清单，该清单也不是准确的。因此，在不构成合同约定的变更的情形下，工程量清单本身所列的工程量偏差以及缺漏项的风险应由总承包单位承担。需要注意这是在工程总承包模式下。

由于工程总承包项目的发包时点通常为可行性研究报告或方案设计完成或初步设计完成后，而此时的设计方案可能与总承包单位来负责完成的施工图设计有着较大差异，所以发包单位并不具备编制完整、准确的工程量清单的充分条件，在实际操作中多数还是存在采用模拟清单、费率下浮的方式进行招标。

11. 合同约定与规范冲突该如何处理？

答：实际操作中，往往对于采用固定总价合同形式的工程总承包合同对其提供的工程量清单的完整性、准确性负责。也是常常争议的焦点。主要原因是，一方面是由于招标单位编制招标工程量清单依据的深度不够设计图纸，招标时用的设计图纸与实际施工图纸有时存在较大的差异；另一方面存在招标单位编制工程量清单的能力有限和不足，也是导致工程量清单中所列的工程量不够准确、工程量清单项目出现了缺漏项的问题。发包单位也常主张应由总承包单位根据合同约定承担固定总价范围内的相关风险，并由总承包单位对工程量清单的准确性和完整性承担复核义务和责任，而往往总承包单位主张应适用《建设工程工程量清单计价规范》（GB 50500—2013）第4.1.2项的规定，由发包单位承担相关责任。

虽然对《建设工程工程量清单计价规范》（GB 50500—2013）并不适用于工程总承包项目，由此可以得出，即便日后关于工程总承包的计价计量规范正式出台，且出现与当事人合同约定矛盾的条文，原则上仍应优先适用合同约定。这是由于其文件性质和效果应与《建设工程工程量清单计价规范》（GB 50500—2013）类同，即工程总承包计价计量规范系用来规范建设工程的计价规范，并非法律、行政法规所规定的效力性强制性规定，不能替代双方当事人对自身权利处分所达成的合同意思，应尊重当事人意思自治的内容，优先适用当事人的合同约定。

12. 因初步设计错漏引起设计变更导致工程量变化，对合同价款有哪些影响？

答：工程总承包合同对因初步设计错漏引起设计变更导致工程量变化的责任分配作出明确约定的，按约定处理。合同未明确约定的，工程总承包项目在初步设计审批完成后进行招标，发包单位以初步设计文件作为"发包人要求"，并且要求承包单位不得高于初步设计概算进行限额设计的，发包单位应当对初步设计文件（及工程概算）的准确性负责。总承包单位因初步设计错漏主张增加费用和（或）延长工期的，应予支持，但总承包单位未在合理期限内尽合理的复核义务而未发现初步设计错漏或在发现设计错漏后未及时通知发包单位的除外。因初步设计导致错漏向引起的工程量变化的主要原因有以下几点：

（1）初步设计深度不足。

（2）招标时工程勘察尚未完成，也会导致总承包单位难以在投标时预估工程量。

（3）投标单位对于工程总承包项目风险估算不足，投标价格过低。

13. 在可行性研究阶段之后发包的，出现工程量的变化如何处理？

答：在工程总承包模式下，发包单位在可行性研究阶段进行招标的，总承包单位基于自行做出的方案设计、初步设计等编制投标文件，应当承认总承包单位已确定投标文件的正确性和充分性，应由总承包单位承担实际工程量变化

的风险。在合同履行过程中实际工程量增加的，总承包单位不得要求增加价款和（或）延长工期。相应地，总承包单位在满足"发包人要求"的情况下优化设计后减少工程量的，发包单位不得要求减少价款。

14. EPC 模式下，采用固定总价的计价方式对地下工程有什么建议？

答：根据《EPC 工程总承包招标工作指导规则（试行）》，EPC 工程总承包招标在需要统一、明确的前提下，由投标单位根据给定的概念方案或设计方案、建设规模和建设标准，应由投标单位自行编制估算工程量清单并填报报价。在实际操作中建议采用固定总价包干的计价模式的时候，地下工程不应纳入固定总价包干范围，而是应当采用模拟工程量清单的单价合同，按实计量。主要因为工程项目的地质情况难以实现准确确定，地下工程工程量通常根据不同地质变化也处在不确定的状态，尤其是在发包时未完成完整的地质勘察成果的工程总承包项目。为了避免双方当事人在招标投标后对地下工程的工程量产生争议，所以，应对地下工程不宜采用固定总价的计价方式。

15. 在工程总承包模式下，如何确定合同总价？

答：在采用工程量清单计价方式的情况下，通过合同中已标价工程量清单合同暂定总价，清单中除分部分项工程项目清单中工程量暂定外，一般项目费、设计费等费用执行合同价格固定总价包干，实体工程的工程量等扩初图纸完成并经发包单位审查合格后按扩初图纸重新计算工程量；工程量计算原则依据已签订合同、招标文件等合同类文件的要求确定。为了兼顾工程总承包项目发包单位追求价格确定性的特点，双方可以在采用混合合同计价方式基础上，约定重新计量合同价与合同暂定总价的变化幅度超出一定比例后方调整合同暂定总价。如当（重计量合同价－合同暂定总价）/合同暂定总价的百分比超过±$B\%$（一定百分比值）时，超过±$B\%$以外的部分给予调整，合同双方签订补充协议确定合同总价，否则合同约定的暂定总价即为合同总价。在实际操作中宜对固定总价合同的组成、待定价款部分计价时的"发包单位审查合格"的标准提前作出约定，以避免在"发包单位审查"出现纠纷局面，如无法找到更加合适

理的方式解决造价调整纠纷，双方当事人或许均要对合同中约定不明、不完善承担一定的相应责任。

16. 工程总承包合同中对实质性变更该如何理解？

答：发包单位在合同履行过程中，向总承包单位提出设计变更指示，该指示影响了合同固定总价赖以确定的基础；或突破了原设计所要求约定功能指标、工期、质量要求的；或许让总承包单位不得不承担原设计要求以外的工作量或不能在原有工期内不增加支出地完成工作量；或许让总承包单位需要承担其投标时或签约时无法预料或加以估算的风险等情形，应当确认发包单位的该设计变更指示已构成实质性变更。

设计变更分为：一般设计变更和重大设计变更。

（1）重大设计变更：是指涉及工程安全、质量、功能、规模、概算，以及对环境、社会有重大影响的设计变更。除此之外的其他变更都为一般设计变更。而根据《水利工程设计变更管理暂行办法》（水规计〔2012〕93号）第八条规定："重大设计变更是指工程建设过程中，对初步设计批复的有关建设任务和内容进行调整，导致工程任务、规模、工程等级及设计标准发生变化，工程总体布置方案、主要建筑物布置及结构形式、重要机电与金属结构设备、施工组织设计方案等发生重大变化，对工程质量、安全、工期、投资、效益、环境和运行管理等产生重大影响的设计变更。"

（2）除重大变更外的其他设计变更为一般设计变更。

17. 工程总承包合同中对实质性变更价款是否需要调整？

答：工程总承包项目采用总价合同的，该总价通常是以发包单位提供的或明确确认的设计要求相对应的施工图、已标价工程量清单或预算书等为基础，在约定的设计要求和工程量范围内合同总价不作调整。但是，在发包单位提出的实质性变更，如突破了总承包单位赖以确定合同总价的基础，不属于原合同总价范围内对应的义务，则应当给予相应调整价款。

18. 工程总承包合同中的一般性变更是否调整合同价款?

答：在工程总承包项目的发包单位一般会提供初步的方案设计或简单功能指标等一些要求，总承包单位则依据发包单位提出的"发包人要求"完成来设计文件，初步设计文件一般在招投标阶段就提供给发包单位，但是，施工图设计文件需要在工程实施阶段才由发包单位或其代表确认，在工程实施阶段还可能存在设计文件的深化或优化问题。如果一项变更在不影响发包单位的原设计要求或已确定的初步设计，属于结合工程现场需要，为控制建设成本、进度或材料选用等原因而进行一些非主要的变更、降低、增删或对一些图纸和现场不相吻合的地方进行必要的修改或完善等情形，因未突破总承包单位赖以确定合同固定总价的基础以及总承包单位应承担的合同风险范围的，也是总承包单位在工程管理能力的综合体现，由此产生的费用不应调整合同总价。

19. 发包单位对构成实质性变更如何认定和调整合同价款?

答：采用总价合同的工程总承包项目，总承包单位主张发包单位作出的影响合同的价款和（或）工期的设计变化指示构成实质性变更，要求调整价款和（或）工期的，除总承包单位自身原因导致设计修改或合同约定属于总承包单位应当承担风险范围以内情形的，应予支持。合同对于价款调整未约定或者约定不明的，应按照以下原则进行处理：

（1）价格清单中有适用于变更工程项目的，采用该项目的单价；

（2）价格清单中没有适用但有类似于变更工程项目的，参照类似项目的单价；

（3）价格清单中没有适用也没有类似于变更工程项目的，应结合总承包单位依据变更工程资料、计量规则，通过市场调查等取得有合法依据的市场价格提出变更工程项目的单价以及总承包单位获得工程变更指示时适用的工程所在地政府主管部门发布的综合定额或计价依据调整合同价款。

20. 承包单位因自身原因导致设计变更是否需要调整合同总价?

答：首先我们要知道总承包单位引发的设计变更有以下情形：

（1）总承包单位的设计文件被审图机构发现不符合公共利益、公共安全、工程建设强制性标准等而被提出要求修改的。《建设工程质量管理条例》第十一条规定："……施工图设计文件未经审查批准的，不得使用。"

（2）发包单位在审图过程中发现总承包单位设计错误，不符合"发包人要求"的，提出要求总承包单位修改设计的指示。

（3）总承包单位为修补其设计缺陷而做的修订、调整和补充等。

（4）其他属于合同约定或法律、法规以及规范性文件规定属于总承包单位应承担的风险范围内的情形。

综上所述，基于合同商业风险和过错责任自担原则，由于发生需要总承包单位承担的商业风险或总承包单位过错所导致费用增加或工期延误的，相应的后果理应由总承包单位自行承担。依据《民法典》第577条规定："当事人一方不履行合同义务或者履行合同义务不符合约定的，应当承担继续履行、采取补救措施或者赔偿损失等违约责任。"因此，发生总承包单位一方过错违约情形的，则总承包单位无权要求变更合同价款和（或）工期。

21. 变更调整合同价款有哪些规定？

答：依据《房屋建筑和市政基础设施项目工程总承包管理办法》的规定："企业投资项目的工程总承包宜采用固定总价合同，政府投资项目的工程总承包应当合理确定合同价格形式。采用固定总价合同的，除合同约定可以调整的情形外，合同固定总价一般不予调整。"

《公路工程设计施工总承包管理办法》第25条第2款规定："设计变更引起的工程费用变化，按照风险划分原则处理。其中，属于总承包单位风险范围的设计变更（含完善设计），超出原报价部分由总承包单位自付，低于原报价部分，按第24条规定支付。属于项目法人风险范围的设计变更，工程量清单与合同固定总价均调整，按规定报批后执行……"

在实际操作中，工程总承包合同通常采用固定总价的计价方法，除合同约定可以调整价款的情形外，合同价款一般不予调整。一般来说，属于总承包单位风险出现范围的变更，价款不调整；属于发包单位风险范围的变更，合同价

款相应调整。这就需要在合同中进行约定，以确保企业利益。

22. 变更程序对合同价款及工期如何处理？

答：工程总承包合同约定总承包单位未按工程变更的程序报送顺延工期、增加价款申请视为丧失顺延工期、增加价款权利的，或者约定发包单位在一定期限内未予答复视为确认总承包单位申请的，按照约定处理，但在约定期限后双方又达成一致意见、一方当事人提出未在约定期限内报送申请或者答复申请的合理理由的除外。总承包单位没有按照约定的变更程序主张权利，依照约定已失去调整工期、价款的权利，总承包单位又按照索赔程序索赔工期或价款的，不予支持，发包单位同意的除外。

23. FIDIC 银皮书约定的变更程序大致有哪些？

答：（1）变更的启动。FIDIC 银皮书中变更有两个启动途径：

1）发包单位直接发出变更指令。

2）承包单位提出变更建议书。承包单位的变更建议书，可以基于业主的征求变更建议书作出，也可以在价值工程基础上，自行向发包单位提起。

（2）变更指令的发出与执行：发包单位享有最终的变更权，其决定变更的，应向承包单位发出变更指令。承包单位依据发包单位变更指令开展工作。

（3）变更执行完毕后价款及工期的确定：FIDIC 银皮书约定，承包单位应在收到发包单位变更指令后的 28 日内（该时间发承包双方可约定调整）向发包人报送该变更可能涉及的资料消耗、施工措施、工期变化等方面的材料，发包单位收到承包单位报送的上述材料后，应在 42 日内作出审批决定。

24. FIDIC 银皮书中约定的变更程序需注意哪些时效节点？

答：在约定的变更程序时还需要注意，如果总承包单位未在 28 日内或者约定的其他时间内报送工程价款、工期估算设备材料，FIDIC 银皮书并不认为总承包单位当然失权，相反，只要存在变更，FIDIC 银皮书认为总承包单位当然享有顺延工期和调整价款的权利，甚至不需要经过索赔程序（发送索赔通知、

发送索赔报告等）。

同时，发包单位未在 42 日内完成审批的，FIDIC 银皮书认为总承包单位提出的变更的工程价款、工期存在争议，应提交争端裁决委员会（DisputeAvoidance/Adjudication Board，DAAB）解决（合同条款明确此情形下，排除适用不满意通知程序、不满意审批抗辩、DAAB 裁决后的争议解决三项制度），那么 DAAB 是根据投标书附录中的规定由合同双方共同设立的。DAAB 是由 1 人或 3 人组成。若 DAAB 成员为 3 人，则由合同双方各提名一位成员供对方认可，双方共同确定第三位成员作为主席。DAAB 对争端的裁决有以下：

（1）DAAB 在收到书面报告后 84 天内对争端做出裁决，并说明理由。

（2）如果合同一方对 DAAB 的裁决不满，则应在收到裁决后的 28 天内向合同对方发出表示不满的通知，并说明理由，表明准备提请仲裁。

（3）如果 DAAB 未在 84 天内对争端作出裁决，则双方中的任何一方均有权在 84 天期满后的 28 天内向对方发出要求仲裁的通知。

（4）如果双方接受 DAAB 的裁决，或者没有按规定发出表示不满的通知，则该裁决将成为最终的决定并对合同双方均具有约束力。

（5）DAAB 的裁决作出后，在未通过友好解决或仲裁改变该裁决之前，双方应当执行该裁决。

25. 《建设项目工程总承包合同（示范文本）》（GF‐2020‐0216）通用条件中明确发包人违约的情形有哪些？

答：依据《建设项目工程总承包合同（示范文本）》（GF‐2020‐0216）通用条件 15.1.1 发包人违约的情形如下。

除专用合同条件另有约定外，在合同履行过程中发生的下列情形，属于发包人违约：

（1）因发包人原因导致开始工作日期延误的；

（2）因发包人原因未能按合同约定支付合同价款的；

（3）发包人违反第 13.1.1 项约定，自行实施被取消的工作或转由他人实施的；

（4）因发包人违反合同约定造成工程暂停施工的；

（5）工程师无正当理由没有在约定期限内发出复工指示，导致承包人无法复工的；

（6）发包人明确表示或者以其行为表明不履行合同主要义务的；

（7）发包人未能按照合同约定履行其他义务的。

26. 《建设项目工程总承包合同（示范文本）》（GF-2020-0216）通用条件中明确承包人违约的情形有哪些？

答：依据《建设项目工程总承包合同（示范文本）》（GF-2020-0216）通用条件 15.2.1 承包人违约的情形如下。

除专用合同条件另有约定外，在履行合同过程中发生的下列情况之一的，属于承包人违约：

（1）承包人的原因导致的承包人文件、实施和竣工的工程不符合法律法规、工程质量验收标准以及合同约定；

（2）承包人违反合同约定进行转包或违法分包的；

（3）承包人违反约定采购和使用不合格材料或工程设备；

（4）因承包人原因导致工程质量不符合合同要求的；

（5）承包人未经工程师批准，擅自将已按合同约定进入施工现场的施工设备、临时设施或材料撤离施工现场；

（6）承包人未能按项目进度计划及时完成合同约定的工作，造成工期延误；

（7）由于承包人原因未能通过竣工试验或竣工后试验的；

（8）承包人在缺陷责任期及保修期内，未能在合理期限对工程缺陷进行修复，或拒绝按发包人指示进行修复的；

（9）承包人明确表示或者以其行为表明不履行合同主要义务的；

（10）承包人未能按照合同约定履行其他义务的。

27. 《建设项目工程总承包合同（示范文本）》（GF-2020-0216）通用条件中明确索赔的提出有哪些？

答：依据《建设项目工程总承包合同（示范文本）》（GF-2020-0216）通

用条件 19.1 索赔的提出如下。

根据合同约定，任意一方认为有权得到追加/减少付款、延长缺陷责任期和（或）延长工期的，应按以下程序向对方提出索赔：

（1）索赔方应在知道或应当知道索赔事件发生后 28 天内，向对方递交索赔意向通知书，并说明发生索赔事件的事由；索赔方未在前述 28 天内发出索赔意向通知书的，丧失要求追加/减少付款、延长缺陷责任期和（或）延长工期的权利。

（2）索赔方应在发出索赔意向通知书后 28 天内，向对方正式递交索赔报告；索赔报告应详细说明索赔理由以及要求追加的付款金额、延长缺陷责任期和（或）延长的工期，并附必要的记录和证明材料。

（3）索赔事件具有持续影响的，索赔方应每月递交延续索赔通知，说明持续影响的实际情况和记录，列出累计的追加付款金额、延长缺陷责任期和（或）工期延长天数。

（4）在索赔事件影响结束后 28 天内，索赔方应向对方递交最终索赔报告，说明最终要求索赔的追加付款金额、延长缺陷责任期和（或）延长的工期，并附必要的记录和证明材料。

（5）承包人作为索赔方时，其索赔意向通知书、索赔报告及相关索赔文件应向工程师提出；发包人作为索赔方时，其索赔意向通知书、索赔报告及相关索赔文件可自行向承包人提出或由工程师向承包人提出。

28. 《建设项目工程总承包合同（示范文本）》（GF－2020－0216）通用条件中明确承包人索赔的处理程序有哪些？

答：依据《建设项目工程总承包合同（示范文本）》（GF－2020－0216）通用条件 19.2 承包人索赔的处理程序如下。

（1）工程师收到承包人提交的索赔报告后，应及时审查索赔报告的内容、查验承包人的记录和证明材料，必要时工程师可要求承包人提交全部原始记录副本。

（2）工程师应按第 3.6 项"商定或确定"商定或确定追加的付款和（或）延长

的工期，并在收到上述索赔报告或有关索赔的进一步证明材料后及时书面告知发包人，并在42天内，将发包人书面认可的索赔处理结果答复承包人。工程师在收到索赔报告或有关索赔的进一步证明材料后的42天内不予答复的，视为认可索赔。

（3）承包人接受索赔处理结果的，发包人应在作出索赔处理结果答复后28天内完成支付。承包人不接受索赔处理结果的，按照第20条"争议解决"约定处理。

29. 《建设项目工程总承包合同（示范文本）》（GF‑2020‑0216）通用条件中明确发包人索赔的处理程序有哪些？

答：依据《建设项目工程总承包合同（示范文本）》（GF‑2020‑0216）通用条件19.3发包人索赔的处理程序如下。

（1）承包人收到发包人提交的索赔报告后，应及时审查索赔报告的内容、查验发包人证明材料。

（2）承包人应在收到上述索赔报告或有关索赔的进一步证明材料后42天内，将索赔处理结果答复发包人。承包人在收到索赔通知书或有关索赔的进一步证明材料后的42天内不予答复的，视为认可索赔。

（3）发包人接受索赔处理结果的，发包人可从应支付给承包人的合同价款中扣除赔付的金额或延长缺陷责任期；发包人不接受索赔处理结果的，按第20条"争议解决"约定处理。

30. 在实操中如何理解索赔和变更？

答：索赔则是相关事件完成后，合同一方向对方主张的、基于合同任何条款或在履行合同中产生的权利或救济。一般来讲，与变更基于主动行为（变更事件发生前，发承包双方即有对价款、工期的磋商）不同，索赔一般是事件完成后的被动行为。属于变更的事项，当事人的相关权利应通过变更程序行使，不能通过索赔程序行使。从性质上看，变更是债的更新，索赔是权利救济，索赔事件大致可归纳为发包单位责任事件（如发包单位未及时履行必要的协助义务）、维护公共利益事件（如文物保护）、不可抗力事件，从请求权角度看，该

三类事件均可归结为损失赔偿请求权，发包单位赔偿的理由是违约（发包单位责任）及公平原则（不可抗力出现后损失的分担）。变更是合同履行过程中债的局部更新，总承包单位在合同约定的变更期限内完成工程价款和工期调整的，是达成契约的过程。总承包单位因未在约定期限内行使权利导致失权，是放弃要求取得变更对价的权利。需要注意的是，这与权利人未按约定期限行使索赔权导致丧失索赔请求权完全不同。因变更程序中总承包单位主张调整工程价款和（或）工期的时间远少于索赔程序，变更程序逾期时，索赔期限还未届满。所以，如果总承包单位在变更程序中，因未及时主张权利而失权后，也就不能通过索赔程序就变更事项寻求救济。

31. 约定 "任何变更均不调整价款" 是否可依据情势变更制度要求调整合同价款？

答：依据《民法典》第 533 条第 1 款规定："合同成立后，合同的基础条件发生了当事人在订立合同时无法预见的、不属于商业风险的重大变化，继续履行合同对于当事人一方明显不公平的，受不利影响的当事人可以与对方重新协商；在合理期限内协商不成的，当事人可以请求人民法院或者仲裁机构变更或者解除合同。"

在合同成立后，合同的基础条件发生了重大变化，并且该情形变化是在订立合同时无法预见、不属于商业风险的变化，发包、承包双方协商不成的，受到不利影响的一方可以请求人民法院、仲裁机构变更或撤销合同。由此可见，情势变更制度适用的前提是外部条件发生变化，致使按照原合同履行会使双方权利义务明显失衡。因此，如果外部条件没有发生明显变化，仅仅是"发包人要求"变化、增加个性化或偏好性的修改等造成成本的增加，总承包单位无法适用情势变更请求人民法院或仲裁机构变更或撤销合同。

32. 承包单位以 "任何变更均不调整价款" 的约定显失公平而主张撤销能否支持？

答：依据《民法典》第 151 条规定："一方利用对方处于危困状态、缺乏判断能力等情形，致使民事法律行为成立时显失公平的，受损害方有权请求人民法院或者仲裁机构予以撤销。"作为一个具有经验的总承包单位，在签订合同时对约定"任何变更均不调整合同价款"的后果应当是明确知道的。适用《民法典》第151条规定主张撤销，总承包单位需要证明签订合同时，发包单位利用总承包单位处于围困状态、缺乏判断能力等，导致相关条款的约定显失公平。如果总承包单位难以完成这样的证明责任，总承包单位在合同签订后，在主张"任何变更均不调整合同价款"的约定显失公平的，就难以得到人民法院或仲裁机构的支持。

需要注意的是，"作为一个具有经验的总承包单位"这句话也是行业中引起纠纷最多的，在这方面需要我们在实际工作中引起重视。还有一点我们也需要注意，就是招标项目在招标签订的工程总承包合同，约定"任何变更均不调整合同价款"的条款，违反了《招标投标法》的规定，当事人可以依据《建设司法解释（二）》第1条的规定，请求确认约定"任何变更均不调整合同价款"的条款无效。发包单位的要求发生变更的，双方均有权要求相应调整合同价款。

33. 承包单位以 "任何变更均不调整价款" 的约定属于格式条款为由主张撤销能否支持？

答：依据《民法典》第496条规定："格式条款是当事人为了重复使用而预先拟定，并在订立合同时未与对方协商的条款。采用格式条款订立合同的，提供格式条款的一方应当遵循公平原则确定当事人之间的权利和义务，并采取合理的方式提示对方注意免除或者减轻其责任等与对方有重大利害关系的条款，按照对方的要求，对该条款予以说明。提供格式条款的一方未履行提示或者说明义务，致使对方没有注意或者理解与其有重大利害关系的条款的，对方可以主张该条款不成为合同的内容。"

以及《民法典》第497条规定，有下列情形之一的该格式条款无效：

（1）《民法典》第一编第六章第三节和《民法典》第506条规定的无效情形；

（2）提供格式条款一方不合理地免除或者减轻其责任、加重对方责任、限制对方主要权利；

（3）提供格式条款一方排除对方主要权利。

34. 发包单位提供的格式文本中约定 "任何变更均不调整价款" 如何理解为格式条款？

答：在工程总承包模式下，发包单位提供的合同格式文本中约定"任何变更均不调整合同价款"，显然属于免除或者减轻发包单位的责任、加重来投标单位的责任、限制或者排除投标单位主要权利的条款，该条款可以被解释为发包单位在招标文件或者直接招标过程中设置的格式条款，总承包单位在投标、中标、签订合同过程中，并没有对条款与发包单位进行协商。

但是需要注意，格式条款的性质是"为了重复使用而预先拟定、并在订立合同时未与对方进行协商的条款"。总承包单位主张适用格式条款的规定认定"任何变更均不调整价款"的条款不能成为合同内容或者无效，但难点也是关键点在于证明该条款是"为了重复使用而预先拟定、并在订立合同时未与对方协商。"如果发包单位在很多个项目合同文本中均设置了"任何变更均不调整价款"的这样条款，则总承包单位要完成举证相对较容易，如果发包单位只是在这一个项目的合同文本中设置了"任何变更均不调整价款"的条款，总承包单位将很难以格式条款作为其请求权基础。

因此，工程总承包合同约定"任何变更均不调整价款"的条款在一定条件下是可被认定为格式条款，就要存在发包单位违反提示和说明义务情形的，总承包单位可请求人民法院或仲裁机构认定该条款不能成为合同内容；构成免除或减轻发包单位责任、加重承包单位责任、限制或排除承包单位主要权利的，总承包单位有充分的证据可请求人民法院或仲裁机构确认该条款无效。

35. 变更导致费用增加超过可以承受的风险幅度的， 是否可以请求法院或仲裁机构调整合同价款？

答：我们在实际操作中，工程变更的现象是很普遍的，这也是发包单位的权利。发生变更的本质是合同履行过程中，对"发包人要求"、图纸的局部调整的过程，也是因为建设工程的特殊性、复杂性，一般是不允许拒绝变更调整的。

在发包、承包双方在合同中作出"任何变更均不调整工程价款"的约定时，说明总承包单位在其工程经验中已经可以预估到发包单位变更的工程量，且在报价中已经考虑了相应的风险系数，只要在发包单位变更没有超出一定幅度，一般应当按约定履行，不允许调整价款。但是在发包单位变更累积的变更量超出一定幅度时，这幅度应考察行业利润率及工程惯例中发包、承包双方的各自风险幅度范围。显然超出一个有经验的总承包单位能预见的风险范围的，双方权利义务出现严重失去公平，如果不予调整，发包单位从利益最大化出发，将不正当地无限制变更，增加总承包单位的费用支出，显然有违背公平原则，从公平原则基础在司法上应予以调整。

36. 招投标签订的合同中约定 "任何变更均不调整工程价款" 是否无效？

答："发包人要求"的变更，带来的结果是工程范围和（或）工程质量、功能、能效或技术指标等标准的变化。《招标投标法》的立法目的是保护国家利益、社会公共利益和招标投标活动当事人的合法权益，通过招投标确定中标单位后，工程范围、质量、工期、价款以及其他要求（包括功能、能效或技术指标等标准），都属于合同的实质性内容，应当是确定且不允许在履行中调整的。而"任何变更均不调整工程价款"对招标投标及合同履行均产生严重的影响。招标时，会造成很多潜在投标单位或投标单位失去投标意向，也会给中标的结果造成影响；在合同履行中，当发生工程范围增加和（或）工程质量、功能、能效或技术指标等标准提高的正向变更时，如工程价款不作调整，会导致总承包单位对发包单位的变相让利，损害总承包单位的利益；当发生工程范围减少和（或）工程质量、功能、能效或技术指标等标准降低等负向变更时，如工程价款不作调整，则导致发包单位向总承包单位的利益输送，损害国家利益或社会公共利益。经过招标投标程序签订的工程总承包合同，对条款约定"任何变更均不调整价款"的，因该条款的约定不符合《招标投标法》的立法目的，造成约定无效，发包单位要求发生变更时，双方均有权要求相应调整价款。

37. 非招标项目中合同约定 "任何变更均不调整价款" 构成格式条款的如何解决?

答：发包单位利用优势地位，在其提供的格式合同文本中常设置："任何变更均不调整价款"条款，如构成格式条款，则按照该条款的相关规定进行处理，具体裁判规则如下：

（1）依据《民法典》第 496 条规定："格式条款是当事人为了重复使用而预先拟定，并在订立合同时未与对方协商的条款。

采用格式条款订立合同的，提供格式条款的一方应当遵循公平原则确定当事人之间的权利和义务，并采取合理的方式提示对方注意免除或者减轻其责任等与对方有重大利害关系的条款，按照对方的要求，对该条款予以说明。提供格式条款的一方未履行提示或者说明义务，致使对方没有注意或者理解与其有重大利害关系的条款的，对方可以主张该条款不成为合同的内容"。总承包单位可请求人民法院或仲裁机构认定该条款不成为合同内容。

（2）构成免除或减轻发包单位责任、加重承包单位责任、限制或排除承包单位主要权利的，总承包单位可请求法院或仲裁机构确认该条款无效。

38. 非招标项目中合同约定 "任何变更均不调整价款" 不构成格式条款的如何解决?

答：工程变更可能会增加工程费用，也可能会减少工程费用，工程变更引起的工程费用增减未超过当事人风险承担幅度的，属于发包、承包单位双方都可以承受的风险范围，从促进交易和尊重当事人约定的角度，应从其约定。

例如某案例中，双方当事人约定合同总价为固定不变的含税价 1.5678 亿元，如发生工程变更造成工程量的增减，工程变更的施工费用累计增减在 ±3% 之内的不予调整，之外的予以调整，因地质条件发生重大变化除外。法院判决对工程变更的施工费用累计增减在 ±3% 之内的不予调整，认可了该条的效力，该案例双方当事人虽然没有约定变更不调整条款，但约定了变更造成的施工费用增减累计在 ±3% 之内的不调整价款。由此可见，对一定风险幅度范围内的变

更不调整，法院还是肯定该案例约定的效力的。但是，发包单位变更累计的工程量超出了作为一个有经验的总承包单位能够预见到的风险范围时，双方的权利义务严重失去公平，司法上应当适用公平原则予以调整价款，超出风险幅度外的部分由发包单位承担。

39. 工程总承包单位设计优化的费用该如何分配？

答：工程总承包合同约定设计文件需经发包单位审核批准的，设计文件经审核批准后，总承包单位提出优于发包单位要求的项目功能、适用性、工期等建议，增加了发包单位的收益，总承包单位主张对收益进行分配的，除合同另有明确约定外，应当按照以下情形的分别进行利益分配（或补偿）：

（1）发包单位接受优化建议并同意施工导致工程费用增加的，总承包单位请求发包单位支付实施该建议而增加的费用或就功能显著提升要求予以奖励的，应予以支持；如发包单位接受优化建议，导致总承包单位工程费用减少的，发包单位和总承包单位应分享所节省费用利益。

（2）总承包单位未经发包单位确认或同意实施该项优化措施的，总承包单位要求发包单位给予补偿或奖励的，不予支持，但发包单位予以追认的除外。

依据《民法典》第544条规定："当事人对合同变更的内容约定不明确的，推定为未变更。"可以理解为，如果是总承包单位对设计变更（价值工程）内容未与发包单位进行签证明确，应当视为未发生变更。总承包单位未履行相应的程序，都不应当予以奖励或补偿。如总承包单位未征得发包单位同意实施设计优化（价值工程）的行为应解释成其正常实施工程建设行为。由此，导致工程费用和工期减少以及发包单位实现其他利益的，该利益就归属于发包单位。但是，发包单位在总承包单位擅自实施设计优化（价值工程）后予以追认的，视为发包单位同意设计优化。

40. "信赖利益"的损失与"履行利益"的损失区别是什么？

合同无效后，有过错一方赔偿对方损失是基于缔约过失责任，赔偿的范围

限于"信赖利益",不包括在合同有效情形下对方通过履行合同可以获得的利益。缔约过失责任的赔偿范围限于"信赖利益"的损失。"信赖利益"的损失是指缔约人信赖合同有效成立,但因法定事由发生,致使合同不成立、无效或被撤销等而遭受的损失。

而违约责任的赔偿范围为"履行利益"的损失。"履行利益"的损失是指在合同有效的情形下,当事人因履行合同而产生的利益。履行利益以合同有效为前提,因而不适用于合同无效情形。

41. 实施设计优化的后果主要有哪几个方面?

答:实施设计优化的后果主要有以下三个方面:

(1) 提升原设计要求的性能且工程费用和(或)工期不变;

(2) 原设计要求的性能显著提升但导致工程费用和(或)工期相应增加;

(3) 保持原设计要求的性能不变但缩减了工期或节省了工程费用。

设计优化属于工程变更的一种情形,也必然会涉及合同工作内容的增减、合同工程量的变化、发生合同外的工作等,均属于发生类似合同履行发生变更的情形。发生工程变更时,是由于合同价款约定的范围没有覆盖发生变更的部分,导致工程价款增减情形的,发包单位和总承包单位均有权提出对合同价款进行相应调整的要求。

42. 对设计深化与设计优化两者如何理解?

答:工程总承包合同的设计工作根据发包阶段的不同,可能包括方案设计、初步设计和施工图设计等不同阶段,其中施工图设计一般需要经发包单位或监理单位批准后方可组织实施。在施工开始前,由于设计属于总承包单位的工作范畴和风险范围,总承包单位需要进行深化,不需要发包单位认可。施工开始实施后,总承包单位利用自身经验进行设计优化,应当保证产品质量,设计规模、功率等"发包人要求"不变。设计优化应达到降低成本、缩短工期或增加收益的效果。在施工图设计文件经发包单位审核批准、施工开始后,总承包单位提出设计优化构成一项变更,需要按合同约定的变更流程实施。

对于合理化建议降低了合同价格或者提高了工程经济效益，发包单位可对总承包单位给予奖励，但是实际操作中一般很难得到奖励，这需要合同的专用条款将奖励条件、奖励的方法、奖励的金额进行约定，确保总承包单位的利益。

43. 发包单位在合理期限内不明确表态，是否视为同意？

答：总承包单位提出设计优化后，发包单位合理期限内不明确表态的，除非在合同中事先有约定可以视为同意，目前国内并无相应的法律法规规定发包单位不明确表态视为同意总承包单位的建议。为避免纠纷的发生，发包单位和总承包单位可以在工程总承包合同专用条款或补充协议中针对发包单位的默示进行专门约定。该约定应包括但不限于合理化建议的提交对象与审批人、审查时限、"合理化"的具体界定、合理化建议审查与论证的成本由谁承担、经审查后采取的工程变更带来不利后果的责任由谁承担、合理化建议取得实效后的奖励或利润分配方案等。

44. 承包人提出设计优化时还需要注意哪些问题？

答：在实际操作中，还需要注意的，如果工程总承包单位提出设计优化方案，在不降低"发包人要求"的前提下实现费用减少，是否需要发包单位同意，减少的费用是否还需要在发包单位与工程总承包单位之间进行分享，在这存在较大纠纷。特别是在工程总承包合同未约定设计文件还需要发包单位审核批准的情形下，应该怎样进行设计是工程总承包单位权利范围，即使工程总承包单位向发包单位报送了设计文件，也不表示总承包单位进一步优先设计是征得发包单位同意，同时设计优先而减少的费用，也不与发包单位进行分享。为了避免引起不必要的纠纷还是要在专用条件中应进行约定。

45. 在合同未约定或约定不明情形下，设计错漏应由谁承担？

答：工程总承包合同中，工程总承包单位应对其工程总承包范围内的设计工作负责，在发生设计错漏时，工程总承包单位应当自费进行缺陷消除或改正，造成的费用增加只能由工程总承包单位自行承担。不应当由发包单位承担。

但在"发包人要求"中有关项目的目的、引用的原始数据和资料、对工程范围的说明、工程或其任何部分的功能要求、对工程的工艺安排或要求、技术要求、实验和检验标准等都会影响到设计质量。如果"发包人要求"出现错误，造成工程总承包单位出现设计错漏，应当由发包单位承担相应的责任。

所以，工程总承包合同未约定或者约定不明时，总承包单位设计文件存在错误、遗漏、含混、矛盾、不充分或其他缺陷，总承包单位以设计文件已获得发包单位审核或批准为由，要求增加因消除上述缺陷而发生的费用的，不予支持，但该缺陷是因为"发包人要求"错误导致的除外。

46. 双方对设计错漏的过错责任如何分担？

答：在合同没有约定或约定不明确的情况下，如果"发包人要求"错误导致设计错漏，发包单位即应当承担相应的过错责任。如果工程总承包单位未尽到在合理的期限内审核并发现错误的义务，可以认定工程总承包对设计错漏也有过错，可以减轻发包单位的责任。此种混合各自的过错情况下，设计错漏造成的费用增加，应由发包单位和工程总承包单位按照各自的过错比例进行对各自承担因消除设计文件存在的错误、遗漏、含混、矛盾、不充分或其他缺陷而增加的费用。

47. 发包单位有哪些过错应承担并支付合理的利润？

答：依据《中华人民共和国标准设计施工总承包招标文件》通用合同条款第1.13.3项约定："无论承包单位发现与否，在任何情况下，发包单位要求中的下列错误导致承包单位增加的费用和（或）延误的工期，由发包单位承担，并向承包单位支付合理利润。

（1）发包单位要求中引用的原始数据的资料；

（2）对工程或其任何部分的功能要求；

（3）对工程的工艺安排或要求；

（4）实验和检验标准；

（5）除合同另有约定外，承包单位无法核实的数据和资料。"

48. 分包单位是否对总承包单位的设计错漏承担责任?

答:在实际工作中,工程总承包项目都存在着施工分包,对再分包时工程总承包单位往往与分包单位之间订立固定总价合同,以转移工程总承包单位对发包单位承担的设计错漏风险。但是,由于分包合同一般仍然采用的是传统的施工总承包模式,固定总价通常也是以施工图预算包干的形式,而在实际工作中,为了消除设计错漏常会导致设计变更,则固定总价计价基础也就发生变化。而在施工总承包模式下,其固定总价通常"不能固定"尤其是在设计图纸与现场不一致的情况下,就会引发设计变更也就导致工程量大幅增加,而分包单位对此并不存在过错,强行要求分包单位承担因消除设计错漏而增加的费用,且有违背公平原则。则分包单位以工程总承包单位设计文件存在的错误、遗漏、含混、矛盾、不充分或其他缺陷为由,要求工程总承包单位承担因消除上述缺陷而增加的费用的,人民法院或仲裁机构应予支持。

49. 工程总承包中 "不可抗力" 风险该如何承担?

答:因不可抗力事件造成费用和工期的变化,合同对风险分配有约定的,从其约定;合同没有约定的,应由发包单位承担。在工程费用以外的其他损失,包括人员伤亡。停工损失等由发包单位和总承包单位各自承担。不可抗力事件发生在总承包单位迟延履行期间的,相应责任由工程总承包单位承担。

总承包单位因不可抗力不能履行合同的,应当及时通知发包单位并提供相应的证据。如总承包单位未通知造成发包单位损失的,应当承担损害赔偿责任。

不可抗力事件发生后,总承包单位负有减少损失的义务。总承包单位未在合理范围内履行该义务,所造成损失扩大的部分,应由工程总承包单位承担。

还需要注意的是,发包、承包双方也可以在合同专用条款中对不可抗力进行特别约定,包括范围、损失分担等。在不可抗力发生后,受影响的一方当事人应当履行通知、通报、提供证明以及减损的义务。如不可抗力的发生导致合同目的不能实现的,发包单位与总承包单位均有权解除合同,且发包单位应当支付相关的费用。

50. 不可抗力从法律法规方面都有哪些规定？

答：依据《民法典》第 180 条第 2 款对"不可抗力"作出的定义，是指不能预见、不能避免并不能克服的客观情况。不可抗力是法定的民事责任免责事由，无论合同中是否有约定，都不影响不可抗力发生时受影响的一方当事人免责的法律效果。

《中华人民共和国标准设计施工总承包招标文件》通用条款第 21.1 款指出"不可抗力是指承包单位和发包单位在订立时不可预见，在履行合同过程中不可避免发生并不能克服的自然灾害和社会性突发事件，如地震、海啸、瘟疫、水灾、骚乱、暴动、战争和专用合同条款约定的其他情形。"在这里我们还需要注意的是，随着科技的发展，很多情况可以进行预测，为了避免引起纠纷，应在专用合同条件中进行明确约定，例如暴风雪、台风、恶劣天气等。

51. 不可抗力的构成有哪几点要求？

答：法律对"不可抗力"的构成有四点要求，即客观情况、不能预见、不能避免、不能克服。

所谓"客观情况"是指该情况必须独立存在于人的行为之外，既非当事人的行为所派生，也不受当事人意志左右。同时，法律要求该"客观情况"是不能预见、不能避免、且不能克服的，三个"不能"必须同时具备，方可能认定不可抗力事件的。

但是，境外相关规定对于不可抗力则不要求三个"不能"同时具备。如《国际商事合同通则》第 7.1.7 条规定："若不履行的一方当事人证明，其不履行是由于非他所能控制的障碍所致，而且在合同订立时该方当事人无法理预见，或不能合理地避免、克服该障碍及其影响，则不履行一方当事人应予免责。"

52. FIDIC 银皮书中 "不可抗力" 是如何规定的？

答：在 FIDIC 银皮书中规定的"不可抗力"是指某种特殊的事件或情况：

（1）一方无法控制的；

（2）该方在签订合同前，不能对之进行合理准备的；

（3）发生后，该方不能合理避免或克服的；

（4）不能主要归因于他方的。

很多条款是从 FIDIC 条款中引用过来的，所以我们要清楚在 FIDIC 条款中是怎样进行的约定。

53. "不可抗力" 的情形都包括哪些？

答：从一般学理上说，不可抗力是指合同签订以后发生的意外事故，它的发生与合同任何一方当事人的意志无关，是当事人所无法预见、无法避免和无法克服的，由自然界的原因引起的不可抗力事故，包括水灾、旱灾、地震等；由社会原因造成的不可抗力事故，如战争状态、军事行动和封锁禁运。我国仅在《海商法》第51条规定的海上货物承运人的免责事由中列举了一些不可抗力的情形，包括：

（1）火灾，但是由于承运人本人的过失造成的除外；

（2）天灾，海上或者其他可航水域的危险或者意外事故；

（3）战争或者武装冲突；

（4）政府或者主管部门的行为、检疫限制或者司法扣押；

（5）罢工、停工或者劳动受到限制。

54. FIDIC 银皮书中各种异常事件或情况都包括哪些？

答：FIDIC 银皮书第19.1款约定"不可抗力"（意外事件）可以包括但不限于下列各种异常事件或情况：

（1）战争、敌对行动（无论宣战与否）、入侵、外敌行动；

（2）叛乱、恐怖主义、革命、暴动、军事政变或篡夺政权、或内战；

（3）承包商人员和承包商及其分包商其他雇员以外的人员的骚动、喧闹、混乱、罢工或停止；

（4）战争军火、爆炸物资、电离辐射或放射性污染，但可能因承包商使用此类军火、炸药、辐射或放射性引起的除外；

（5）自然灾害，如地震、飓风、台风、或火山活动。

55. 合同中对于构成 "不可抗力" 是否要约定?

答：当事人在总承包合同中对于构成不可抗力的具体事件要进行约定，避免以后发生纠纷。如将高考、暴风、雨雪、持续的恶劣天气等列为不可抗力的事件的，应当尊重当事人的约定，在发生合同约定的事件时，按照不可抗力的规则进行处理。所以我们强调为了避免纠纷和损失，要在专用条款进行约定的重要性。

对于客观发生的事件虽未包括在合同约定的不可抗力范围内，但该事件对合同的正常履行造成了重大障碍，且不可归责于合同的任何一方当事人的，裁判者应依据《民法典》第180条的规定，审查该事件是否符合法律规定的不可抗力判断标准，即是否属于"不能预见、不能避免并不能克服的客观情况"，进而判断是否适用不可抗力规则进行处理。

56. 不可抗力发生后的当事人是否有通知和证明义务?

答：根据《民法典》第590条规定："因不可抗力不能履行合同的，应当及时通知对方，以减轻可能给对方造成的损失，并应当在合理期限内提供证明。"第509条第2款规定："当事人应当遵循诚信原则，根据合同的性质、目的和交易习惯履行通知、协助、保密等义务。"

在不可抗力发生后，总承包单位根据合同履行的诚实信用原则，负有向发包单位通知不可抗力发生的义务，书面说明合同履行因不可抗力而遭到阻碍的详细情况，并提供证据予以证明。所以，总承包单位是负有通知和证明的义务，一方面作为合同相对方的发包单位对于总承包单位的合同履行作出相应的安排，减少损失；另一方面也是便于发包单位及时锁定有关证据，避免发包单位在不可抗力事件结束后举证困难。

如果总承包单位在不可抗力事件发生后，未在合理期限内履行通知义务的，使发包单位本能采取措施避免或减少损失，但因没有收到通知而导致损失或损失扩大的，总承包单位应承担损害赔偿责任。判断期限是否合理，需要裁判者综合每个案情况来确定，具体应当包括：

（1）总承包单位的行动是否自由；

（2）通信是否畅通；

（3）是发包单位能否接收到通知。

57. FIDIC 银皮书中不可抗力的通知、义务是如何进行？

答：依据 FIDIC 银皮书中第 19.2 款约定了"不可抗力的通知"，如果一方因不可抗力使其履行合同规定的任何义务已经或将受到阻碍，应当向另一方发出关于构成不可抗力的时间或情况的通知，并应当明确说明履行已经或将要受到阻碍地各项义务。该项通知应当在该当事人察觉或应已察觉到构成不可抗力的有关事件或情况后 14 天内发出。发出通知后，该当事人在该不可抗力阻碍其履行义务期内免于履行该义务。

FIDIC 银皮书第 19.3 款规定了"将延误减至最小的义务"，每一方都应始终尽所有合理的努力，使不可抗力对履行合同造成的任何延误减至最小。当一方不再受不可抗力影响时，应向另一方发出通知。

58. 不可抗力造成的工程费用和工期风险如何承担？

答：依据《房屋建筑和市政基础设施项目工程总承包管理办法》第 15 条第 2 款第 5 项规定："不可抗力造成的工程费用和工期的变化"的风险由发包单位承担。《民法典》第 788 条规定："建设工程合同是承包单位进行工程建设，发包单位支付价款的合同。"总承包合同中，发包单位的主要义务是支付工程价款，总承包单位主要义务是根据合同约定进行工程建设实施。在不可抗力事件导致承包单位无法按照约定履行合同时，会导致工程费用的增加及竣工时间的延误。但依据法律的规定，总承包单位因不可抗力不能履行合同的不承担责任，发包单位不能追究工程总承包单位的违约责任。因此，工程费用的增加以及竣工时间的延误，也只能由发包单位承担。工程费用一般包括：工程所需清理、修复费用，总承包单位应发包单位要求留在施工现场的必要的管理人员及保卫人员的费用等。在发包单位拒绝承担相应工程费用时，总承包单位有权向发包

单位索赔。

59. 非工程费用以外的损失各方应如何承担责任？

答：根据《中华人民共和国标准设计施工总承包招标文件》通用合同条款第 21.3.1 项"不可抗力造成损害的责任"，除专用合同条款另有约定外，不可抗力导致的人员伤亡、财产损失、费用增加和（或）工期延误等后果，由合同双方按以下原则承担：

（1）永久工程，包括已运至施工场地的材料和工程设备的损害，以及因工程损害造成的第三者人员伤亡和财产损失由发包人承担；

（2）承包人设备的损坏由承包人承担；

（3）发包人和承包人各自承担其人员伤亡和其他财产损失及其相关费用；

（4）承包人的停工损失由承包人承担，但停工期间应监理人要求照管工程和清理、修复工程的金额由发包人承担；

（5）不能按期竣工的，应合理延长工期，承包人不需支付逾期竣工违约金。发包要求赶工的，承包人应采取赶工措施，赶工费用由发包人承担。

不可抗力引起的后果及造成的损失由合同当事人按照法律规定及合同约定各自承担。不可抗力发生前已完成的工程应当按照合同约定进行支付。

60. 承包单位延迟履行后发生的不可抗力是否免除责任？

答：首先我们要理解什么是迟延履行，迟延履行又称债务人迟延或逾期履行，是指债务人能够履行，但在履行期限届满时却未能履行债务的现象。债务人在迟延履行时，对于不可抗力造成的损害，仍应当承担责任。《民法典》第590 条也规定，当事人迟延履行后发生不可抗力的，不能免除其违约责任。《中华人民共和国标准设计施工总承包招标文件》合同条款第 21.3.2 款规定："合同一方当事人延迟履行，在延迟履行期间发生不可抗力的，不免除其责任。"如果总承包单位未在合同约定的时间内交付符合"发包人要求"的工程项目的，在约定时间内发生的不可抗力事件，所造成的工程费用的增加和竣工时间的延误，均由总承包单位承担，其无权向发包单位提出索赔。在实际工作中，当事

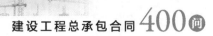

人双方应当及时收集资料，对有关证据需要确认的即时确认，避免纠纷时无法
出具有效证据。

61. 不可抗力致使合同目的不能实现的该如何解决？

答：依据《民法典》第 563 条第 1 款第 1 项规定，因不可抗力致使不能实
现合同目的，当事人可以解除合同。不可抗力事件的发生不足以发生解除权。
只有因不可抗力致使合同目的不能实现时，当事人方可享有合同解除权。在这
地方我们要清楚是解除合同是合同目的不能实现的。但还需注意的一点是，如
果不可抗力只是暂时性阻碍合同的履行，合同目的可以通过延期履行来实现时，
当事人不得行使解除权。但如果不可抗力持续发生或持续产生影响，致使当事
人在较长的时间内仍不能履行合同的，严重影响合同目的实现的，应当承认当
事人的解除权。

在实际工作中总承包合同中因不可抗力事件的发生阻碍了总承包单位的工
程实施，总承包单位可以部分或全部停止施工，并有权向发包单位索赔，待不
可抗力影响消失后再恢复施工。如果不可抗力事件使工程项目不可能恢复施工
的情形，例如地震摧毁了整个项目；或不可抗力阻碍的时间过长，继续履行会
使双方都产生巨大损失时，发包单位和总承包单位均有权解除合同。

62. 在 FIDIC 银皮书中，对不可抗力致使合同目的不能实现的，该如何处理？

答：根据 FIDIC 银皮书和黄皮书对于不可抗力的后果有相同的规定，如果
总承包商根据合同约定发出了关于不可抗力的通知，妨碍其履行合同约定的任
何义务，使其遭受延误和（或）导致费用增加，总承包商应有权向雇主索赔。
如果竣工已（或）将受到延误，对任何此类延误给予延长期；如果不可抗力事
件发生在工程所在国，对任何此类费用给予支付。FIDIC 银皮书中还有约定，
如果因已发出通知的不可抗力，使基本上全部进展中的工程实施受到阻碍已连
续 84 天，或由于同一通知的不可抗力断续阻碍几个期间累计 140 天，任何一方
可以向他方发出终止合同的通知。在此情况下，终止应在该通知发出 7 天后生

效，承包单位应当停止工作并且撤离现场。

63. 不可抗力致使合同解除后，关于付款该如何解决？

答：《民法典》第566条第1款规定："合同解除后，尚未履行的，终止履行；已经履行的，根据履行情况和合同性质，当事人可以请求恢复原状或者采取其他补救措施，并有权请求赔偿损失"。总承包合同具有一定的特殊性、复杂性，主要体现在工程的施工部分，发包单位所取得的财产形式上是总承包单位建设的工程，实际上是总承包单位对工程建设投入的劳务及建筑材料，而无法恢复原状或恢复原状会造成更大的损失。对于总承包单位为完成工程所支付的费用，发包单位应当予以支付。合同解除系因一方违约导致的，但在不可抗力导致的合同解除中，因当事人均不存在过错，故不存在违约损害赔偿的问题，总承包单位无权要求发包单位支付履行的利益。当然，如果是当事人过错与不可抗力共同作用导致合同解除的，另一方当事人可以要求赔偿损失。

64. 在 FIDIC 银皮书和黄皮书对不可抗力致使合同解除后，规定支付哪些费用？

答：FIDIC 银皮书和黄皮书规定了如果合同因不可抗力而解除的，雇主应当向承包商支付以下费用，包括：

（1）承包商已完成的且合同中有约定价格的任何工作的应付费用。

（2）承包商为工程订购的、已交付给承包商或承包商有责任接受交付的生产设备和材料的费用；当雇主支付上述费用后，此项生产设备和材料应成为雇主的财产（风险也由其承担），承包商应将其交由雇主处理。

（3）承包商为完成工程所支出的合理的任何其他费用或债务。

（4）承包商将临时工程和设备撤离现场并运回承包商本国设备基地的合理费用（或运至其他目的，但不能超过运回本国基地的费用）。

（5）承包商在合同终止日期前完全是为工程雇佣的承包商的员工遣返回国的费用。

65. 不可抗力在联合体对内外部的风险如何分担？

答：依据《房屋建筑和市政基础设施项目工程总承包管理办法》第 10 条第 2 款，"设计单位和施工单位组成联合体的，应当根据项目的特点和复杂程度，合理确定牵头单位，并在联合体协议中明确联合体成员单位的责任和权力。联合体各方应当共同与建设单位签订总承包合同，就总承包项目承担连带责任。"

对外，因总承包联合体各方共同与建设单位签订总承包合同，同时，对总承包项目承担连带责任。虽然总承包联合体中包括设计单位和施工单位，总承包联合体各自单位各尽其职，确定总承包联合体各自单位的具体分工，相对建设单位，是一个整个的总承包单位，其内部关系并不能对抗建设单位。在发生不可抗力事件并对总承包合同的履行产生的影响后，总承包联合体成员应当作为一个整体，依据合同约定及法律法规规定，根据具体实际情况进行不可抗力规则免责或提出索赔。

对内，总承包联合体成员之间应当根据联合体协议来确定不可抗力风险的承担。对于总承包联合体所承接工程总承包项目的，总承包联合体成员之间要签订一个联合体协议，明确总承包联合体单位的各自的责任和权力。如果总承包联合体协议中对于不可抗力发生后的风险分担作出了约定，应当尊重按照当事人的约定。

66. 对不可抗力在联合体协议中未作约定的，该如何解决？

答：总承包联合体协议中对不可抗力没有作约定的，则应当要区分总承包合同履行的不同阶段，并且，结合现场的具体情况进行裁判，例如在不可抗力事件发生时，总承包合同的履行尚在设计阶段，工程尚未展开工程施工的，不可抗力事件造成的损失，原则上由总承包联合体中承担设计工作的单位承担。同理，如不可抗力事件发生时，总承包合同履行已进入工程施工阶段，由对此造成的损失，原则上由总承包联合体单位承担施工的单位承担。但如果是迟延履行后发生不可抗力的，则需要依据迟延履行的发生原因，结合总承包联合体内各单位之间的过错，进行损失的分配或分担。

67. 如何理解情势变更的原则？

答：情势变更原则是指合同有效成立后，因不可归责于双方当事人的事由发生重大变化而使合同的基础动摇或者丧失，若继续维持合同就会显失公平，因此允许变更合同内容或解除合同的原则。

《民法典》则在法律层面正式确立了"情势变更"制度，第 533 条规定："合同成立后，合同的基础条件发生了当事人在订立合同时无法预见的、不属于商业风险的重大变化，继续履行合同对于当事人一方明显不公平的，受不利影响的当事人可以与对方重新协商；在合理期限内协商不成的，当事人可以请求人民法院或者仲裁机构变更或者解除合同。人民法院或者仲裁机构应当结合案件的实际情况，根据公平原则变更或者解除合同。"

需要注意的是这不属于商业风险，一定要把商业风险和情势变更区分清楚。

68. 哪些情形可以认定为 "情势变更"？

答：情势变更原则主要针对经济形势、经济政策发生的巨大变化，与国家对经济生活干预有直接关系，如价格调整、经济危机、通货膨胀等。现实生活中的情势是复杂多变的，相应地，司法根据实践的具体个案做出合法合理的正确判断。以下情形一般可以认定为情势变更：

（1）物价飞涨（需要量化）；

（2）合同基础丧失（如合同标的物灭失）；

（3）汇率大幅度变化；

（4）国家经济贸易政策变化。

69. 不可抗力与情势变更两者有哪些差异？

答：（1）法律效果不同："不可抗力"《民法典》第 563 条规定，因不可抗力致使不能实现合同目的，当事人可以解除合同；第 590 条规定，当事人一方因不可抗力不能履行合同的，根据不可抗力的影响，部分或者全部免除责任。由此可见，不可抗力可以作为解除事由和免责事由。其法律效果体现在合同的

解除或违约责任的免除。而情势变更根据《民法典》第 533 条规定，是在效果层面则是合同变更或解除。

（2）合同解除方式不同：不可抗力场合的合同解除基于当事人行使合同解除权的解除，一方当事人依意思通知即可完成。而情势变更场合的合同解除，则需要当事人向法院或仲裁机构提出解除合同的请求，再由法院或仲裁机构审理后根据公平原则判断是否解除。

需要注意的是，要清楚两者的区分，一个是行使合同解除，另一个是诉讼或仲裁。

70. 如何理解商业风险？

答：商业风险是指商业活动中，由于各种不确定因素引起的，给商业主体带来获利或损失的机会或可能性的一种客观经济现象。

在现实生活中，物价的涨跌、政策的变化、市场的兴衰都属于商业风险，但同时也需要我们注意的是，商业风险也有可能构成情势变更。在司法实践中，有当事人会基于商业风险的事实而依据情势变更原则向法院请求变更或解除合同，很大程度上造成了情势变更原则的乱用，给司法审判工作造成了极大的影响和困扰。所以在这里需要注意的是商业风险也有可能构成情势变更。这就要根据具体情况来分析两者的重要区别，避免带来纠纷，造成损失。

71. 情势变更与商业风险有哪些最重要的区别？

答：最重要的区别在于是否可以预见，依据《民法典》第 533 条强调了情势变更是"合同成立后，合同的基础条件发生了当事人在订立合同时无法预见的"重大变化。这里的"无法预见"，既包括无法预见客观情况的发生，也包括无法预见发生的客观情况对合同的影响程度。也有人做出以下比喻："情事"就是合同的基础，好比支撑钢结构的塔身数根钢柱；"商业风险"就好比作用于这些钢柱的外力；如果由于外力过大，导致钢柱无法抵御来自的外力而折断掉，合同的基础便就丧失了作用，这时候，要维持合同的平衡，就有必要对合同作出调整。

72. 在合同中有哪些约定可以适用情势变更原则调差?

答:工程总承包模式下,合同中对价格形式的约定通常为固定总价。如果合同中对于建筑主要材料、设备、人工的价格调差有约定,人民法院应当尊重所签订合同的约定进行调差。《房屋建筑和市政基础设施项目工程总承包管理办法》第 15 条规定了建设单位承担的风险包括"主要工程材料、设备、人工价格与招标时基期价相比,波动幅度超过合同约定幅度的部分"。但如果合同中明确约定"合同价格在任何情况下均不作调整",或仅约定固定总价而未约定调整价差事项时,当主要材料、设备、人工价格因市场因素或政策因素导致大幅度上涨时,总承包单位无法依据合同约定进行调整价差。如果在与发包单位协商不成时,总承包单位通常会以情势变更为由请求人民法院变更或解除合同。需要注意是,要根据各地方出台的相关文件结合来解决此纠纷。

73. 因国家法律法规政策变化引起的价格变化对价款有哪些影响?

答:总承包合同的双方当事人都是国家法律、法规、规章及政策的执行者,发包、总承包双方在进行合同磋商时,均以当时国家法律、法规、规章和政策的规定作为进行商业谈判的基础。在基准日期之后,因法律、法规、规章和政策发生变化引起工程造价增减变化的,合同对此有约定的,从其约定。合同双方对风险分配未约定或约定不明的,一方当事人请求按照建设主管部门或其授权的工程造价管理机构据此发布的规定调整合同价款的,应予支持。

因总承包单位原因导致工期延误,且法律变化发生在原定竣工时间之后,法律变化引起工程造价增加,总承包单位请求调增合同价款的,不予支持。法律变化引起工程造价减少,发包单位请求调减合同价款的,应予支持。

需要注意的,我们往往容易忽略工期延误的原因,认为法律、法规、规章和政策规定发生变化不管何种原因都给予调整。所以工期延误要引起高度重视,加强现场管理,及时做好现场记录,确保企业利益不受损失。

74. FIDIC 银皮书和黄皮书因法律变化引起的价格应如何调整?

答:FIDIC 银皮书和黄皮书对于因法律变化引起的价格调整做了一致的规

定 FIDIC 黄皮书第 13.6 款约定："根据以下情形，合同价格应当根据下列变化导致的费用增加或减少而进行调整：

（1）工程所在国的法律发生变化（包括使用新的法律，废除或修改现有法律）；

（2）对本条（1）中提及法律的司法或政府解释发生变化；

（3）基于 1.13（遵守纪律）（1）或（2）下业主或承包商取得的任何许可、准许、执照或批准发生变化；

（4）基于 1.13（遵守纪律）（2）款下承包商获得任何许可、准许、执照或批准的资格或条件发生变化。"

75. 除双方另有约定外，法律法规政策变化引起的合同价款变化的风险如何承担？

答：在合同履行的过程中，当国家的法律、法规、规章和政策发生变化，将直接导致合同当事人订立合同的基础发生了变化，所以导致合同价格发生增加或减少变化的，应当进行调整。因为，发包单位是建设工程项目的投资建设者，也是工程项目的最终受益者，国家的法律、法规、规章及政策变化引起的合同价款变化的，将直接影响到工程造价以及发包单位对工程投资效益，而总承包单位签订工程合同的目的仅仅在于获取经营利润，且法律等变化一般属于总承包单位无法预见的风险。因此，无论是施工总承包还是工程总承包，相关工程合同范本以及政策性文件均规定国家法律法规政策变化引起的合同价款变化的风险由发包单位承担。

76. 如何理解基准日期？

答：因法律变化导致总承包单位在合同履行中所需要的工程费用发生除物价变化以外的增减时，在基准日期之前合同价款不予调整，即其风险由总承包单位承担；在基准日期之后合同价款予以调整，即其风险由发包单位承担。所以，基准日期的认定直接关系到法律变化风险的分担，在总承包合同对于基准日期的界定有约定时，应当从其约定。如合同中未约定的，建议按照《工程总

承包合同示范文本》和《建设工程工程量清单计价规范》（GB 50500—2013）中确定的招标工程以投标截止日期前 28 天，非招标工程以合同签订日前 28 天来认定基准日期。一般情况国内招标项目为 28 天，国际招标项目为 42 天，为合同条件规定的基准日期。

这对我们在做投标报价中需要掌握基准日期和基期价格，要充分理解清楚，便于编制好招标文件和投标文件。

77. 工期延误导致的法律变化是否会引起合同价款调整？

答：在法律变化引起合同价款调整与一方当事人违约引起的赔偿属于两个不同的范畴，我们需要提起诉讼时应当进行详细梳理分析判断。如发包单位原因导致工期延误，法律变化发生在原来合同约定竣工时间之后，顺延竣工时间之前的，则合同价款应当随着法律变化引起的工程造价增减变化而变化。即法律变化引起工程造价增加的，则总承包单位有权要求调增；法律变化引起的工程造价减少的，但减少的部分并不能直接视为总承包单位的损失，故发包单位同样有权调减。如总承包单位能够证明存在损失的，可以在确定损失具体数额后进行抵消。

78. 对于不可预见的物质条件如何理解？

答：《中华人民共和国标准设计施工总承包招标文件》通用合同条款第4.11 款"不可预见物质条件"约定了承包人在施工现场中遇到不可预见的外界自然条件及人为的条件和其他外界障碍和污染物时的风险分担方式。FIDIC 黄皮书第 4.12 款以"不可预见的外界条件"为名作出了类似约定。二者虽在表达方式上存在一些差异，内涵却是相同的，均是指工程总承包单位在施工现场遭遇的自然物质条件及物质障碍（自然的或人为的）和污染物，包括地下条件和水文条件，但不包括气候条件及这些气候条件的影响。

在实际工作中，签订立合同时，发包单位以"应该是一个有经验的承包商"能够合理预见为由，将不可预见的物质条件的风险分配给总承包单位，以弥补发包单位专业技能方面的弱势，提高对不可预见物质条件风险的抵抗能力，总

承包单位因遭遇不可预见的物质条件而主张增加费用或顺延工期的，应予支持。

79. 不可预见的物质条件索赔易产生争议的原因有哪些？

答：争议原因一："不可预见"判断标准的还是比较模糊。从而导致"不可预见的外界条件"逐渐成了发包单位作为推脱各种自然不利物质条件和非自然物质条件的借口。

争议原因二："应该是一个有经验的承包商"比较含糊不明。建设工程项目几乎没有完全一致的，即使有相类似工程在不同区域的总承包施工，由于各地区区域的地下与水文条件存在较大的差异，一个再有经验的总承包单位也不可能完全预见所有状况的。往往借着"应该是一个有经验的承包商"外延的不确定性，而导致总承包单位的压力的扩大与责任范围。所以，"应该是一个有经验的承包商"界定范围很难把整清楚，这需要我们在订立合同中一定要弄清楚。

80. 发包单位进行前期现场勘察取得资料的目的和作用是什么？

答：（1）确定或阐明工程可行性，要考虑企业是否能操作该项目。

（2）为编制设计文件提供依据。

（3）为承包单位编制投标书提供依据，进行施工组织设计、措施费以及清单工程量报价。

（4）作为预见性模型的主要资料之一，用于在索赔时阐明所能合理预见的责任条件。

81. 不可预见的物质条件对投标报价影响有哪些主要原因？

答：在发包单位前期可行性研究阶段就进行了较长时间的研究，也不能预见的物质条件，却要求总承包单位在短短的投标时间内通过阅读发包单位提供的资料和现场考察合理预见，显然有失公平原则。主要原因有以下几点：

（1）总承包单位获得信息的切实性明显依赖于编制投标书的允许时间，以及现场的可进场补充勘察等因素；总承包单位被认为已在实际可行范围内所获的必要信息的范围，主要明显依赖于在规定投标期限内获取该信息所需要的费

用和时间。即便是受投标时间短和费用限制，总承包单位难以甚至不可能对发包单位提供的全部数据进行广泛深度进行核实，补充勘察一般也较难实现。所以，总承包单位一般是无法准确评估"不可预见的物质条件"对投标报价的影响。

（2）"不可预见的物质条件"风险不能因为总承包单位根据招标程序，在投标时参与现场勘察义务而全部转移给总承包单位。因为"不可预见的物质条件"具有天然的隐蔽性和复杂性，所以，即便是充分地了解了现场周围的情况，也不能避免遭遇"不可预见的物质条件"的风险。

（3）总承包单位的投标报价难以包含较充足的风险费用，还有可能无法进行充分估算不可预见的风险费用。在实际工作条件下，所有投标单位也都很清楚，在招标投标中能否中标的关键是在于是否能提供相对总价低的报价。在投标过程中，风险费用因其不确定性、多变性，招标单位也不愿支出这额外的费用，所以，各投标单位为了中标，都在考虑避免提升总价，采取尽量压低价格来获得中标机会。但这不意味着就应该将不可预见的物质条件的风险全部转移给总承包单位来承担。

82. 工程审计结论对工程总承包价款有何影响？

答：工程建设领域正在大力推广工程总承包模式。依据住房和城乡建设部《关于进一步推进工程总承包发展的若干意见》要求政府投资项目和装配式建筑应当积极采用工程总承包模式。政府投资的特有属性造成了工程总承包在计价模式上不可能真正实现固定总价。较为常见的有"费率招标"形式；还有执行严格的批准的概算"封顶"，行政主管部门在审计时只调减而不调增，不允许"超概"。

在实际工作中，如果当事人在工程总承包合同中明确约定"以审计结论作为工程结算依据"则应当尊重当事人的意思自治。作为行政监督措施，在没有当事人明确约定的情况下，行政审计结论一般不能作为结算工程价款的依据。

上述还是强调进行约定，实际工作中出现在没有约定或约定不明的都以"以审计结论作为工程结算依据"来制约总承包单位的情况，需要引起注意。

83. 对结算出现的久审不付的问题该如何解决？

答：我们在实际工作中经常会遇到部分政府投资项目审计机关久审不决的现象，发包单位也常借此以未完成审计为由，拒绝执行合同所规定的办理工程结算和支付工程价款，造成总承包单位资金压力，直接影响对材料、设备供应单位以及劳务单位的结算和支付，也引发了总承包单位较多的纠纷和诉讼。

依据国务院办公厅文件《关于促进建筑业持续健康发展的意见》明确："审计机关应依法加强对以政府投资为主的公共工程建设项目的审计监督，建设单位不得已将未完成审计工作作为延期工程结算、拖欠工程款的理由"。为了解决审计机关久审不决造成的给当事人造成利益失衡问题，很多部分地方人民法院相继出台指导意见，当事人约定以财政、审计等部门的审核、审计结果作为工程款结算依据的，按照约定处理。如果财政、审计等部门明确表示无法进行审核、审计或无正当理由长期未出具审核、审计结论，经当事人申请，且符合具备进行司法鉴定条件的，人民法院可以通过司法鉴定方式确定工程价款。

84. 合同约定以审计结果为准，但审计结果错误时该怎么解决？

答：在合同中双方当事人明确约定以审计结果作为结算依据，但是在执行过程中如果审核或审计结论确有错误时，不得以审计结论进行结算也是可以操作的。在实际面临这问题时，很多总承包单位存在不知该如何处理，甚至有的出现不应有的损失也就默认了。

应当根据《2015全国民事审判纪要》第49条规定："依法有效的建设工程施工合同，双方当事人均应依约履行。除合同另有约定，当事人请求以审计机关作出的审计报告、财政评审机构作出的评审结论作为工程价款结算依据的，一般不予支持。

在合同约定以审计机关出具的审计意见作为工程价款结算依据的，应当遵循当事人缔约合约的本意，将合同约定的工程价款结算依据确定为真实有效的审计结论。总承包单位提供证据证明审计机关的审核或审计意见具有不真实、不客观情形，人民法院可以允许当事人补充鉴定、重新质证或者补充质证等方

法纠正审核或审计意见存在的缺陷。对于上述方法不能解决的，应当允许当事人申请对工程造价进行鉴定。"这才能体现合同当事人较为公平合理地对待这问题，减少纠纷引起的不良后果。

85. 财政投资评审包括哪些范围?

答：根据《财政投资评审管理规定》第2条的规定，财政评审是财政部门通过对财政性资金投资项目预（概）算和竣工决（结）算进行评价与审查，对财政性资金投资项目资金使用情况，以及其他财政专项资金使用情况进行的专项核查及追踪问效。财政投资评审的范围包括：

（1）财政预算内基本建设资金（含国债）安排的建设项目；

（2）财政预算内专项资金安排的建设项目；

（3）政府性基金、预算外资金等安排的建设项目；

（4）政府性融资安排的建设项目；

（5）其他财政性资金安排的建设项目；

（6）需进行专项核查及追踪问效的其他项目或专项资金。

86. 发包单位要求按照财政评审部门的评审结论减少工程价款是否支持?

答：最高院《关于政府审计的答复（2008）》中有明确规定："财政部门对财政投资的评定审核是国家对建设单位基本建设资金的监督管理，不影响建设单位与承建单位的合同效力及履行。但是，建设合同中明确约定以财政投资的审核结算依据的，审核结论应当作为结算的依据。"所以，政府投资或以政府投资为主的工程总承包项目总价合同的，"发包人要求"未发生变化，而实际施工工程量少于投标工程量，发包单位主张总价范围部分应当按照审计机关的审计结论减少工程价款的，不予支持，合同有明确约定的除外。

87. 合同在未履行完毕时解除该如何结算?

答：工程总承包合同采用总价合同模式，合同因发包单位原因解除，且设计费、采购费和施工价款分别列明，已完成的设计、采购、工程质量符合"发包人要求"的，结算价款按各部分实际完成的比例分别折算后累加。对设计费、采购费和施工价款未单独列明的，已完成的设计、采购、工程质量符合"发包人要求"的，由发包单位和承包单位协商结算价款；协商不成的，可参考以下方法分别结算：

（1）施工图设计已经完成的，参照设计相关收费标准、设备市场价格、预算定额计算出设计费、采购费和施工价款，以合同总价除以前述价款之和得出下浮率，用该下浮率分别乘以各部分的价款得出合同总价中的设计费、采购费和施工价款，再按各部分实际完成的比例分别折算后累加得出合同价算价款。

（2）初步设计已经完成、施工图设计未完成的，参照设计相关收费标准、设备市场价格、概算定额计算出设计费、采购费和施工价款，以合同总价除以前述价款之和得出下浮率，用该下浮率分别乘以各部分的价款得出合同总价中的设计费、采购费和施工价款，再按各部分实际完成的比例分别折算后累加得出合同价算价款。

（3）初步设计未完成的，参照设计相关收费标准、设备市场价格、工程定额并参考市场下浮率分别计算出设计费、采购费和施工价款后累加得出合同结算价款。

工程总承包合同对下浮率有约定的，适用合同约定的下浮率。因总承包单位原因解除合同，对总承包单位已完成的工作符合"发包人要求"的，按上述方法结算合同价款。但发包单位能够证明承包单位已完成的工作对发包单位后续工作没有什么价值的，发包单位有权拒绝支付合同价款。

88. 合同解除后对不平衡报价该如何调整？

答：工程总承包合同解除后，已完工程结算时，如果合同在约定总价的同时，还分别约定了设计费、建筑安装工程费、设备购置费、总承包其他费等各项价款，发包单位或总承包单位认为在各项价款之间存在不平衡报价要求调整的，应当对存在不平衡报价承担举证责任。人民法院或仲裁机构可以委托工程造价鉴定机构对于是否存在不平衡报价以及不平衡幅度出具专业意见。鉴定机构认定存在不平衡报价的，人民法院或仲裁机构应当区分合同解除的阶段以及

造成合同解除的过错分别进行处理。总承包单位在投标时承诺不存在不平衡报价，合同解除时有要求调整合同价款的，不予支持。设计与施工阶段无法区分的，人民法院或仲裁机构可以依据不平衡报价的幅度、解除合同的过错结合公平原则进行裁判。

89. 设计阶段因发包单位原因合同解除后不平衡报价该如何调整？

答：（1）设计阶段因发包单位原因解除工程总承包合同，发包单位认为设计费约定过高要求调整的，不予支持；总承包单位认为设计费约定过低要求调整，且设计费明显低于市场价格的，应当酌情予以调整。

（2）设计阶段因总承包单位原因解除工程总承包合同，总承包单位认为设计费约定过低要求调整的，不予支持；发包单位认为设计费约定过高要求调整，且设计费明显高于市场价格的，应当酌情予以调整。

90. 施工阶段因发包单位原因合同解除后不平衡报价该如何调整？

答：（1）施工阶段因发包单位原因解除总承包合同，建筑安装工程费各分部分项存在不平衡报价的，且总承包单位认为建筑安装工程费部分完成比例较低，按照合同约定的价格结算对总承包单位利益明显失衡的，人民法院或仲裁机构可以委托造价鉴定机构进行鉴定，参照定额标准和（或）市场报价情况据实结算。完成比例是否过低，可根据个案裁量确定。发包单位认为不平衡报价导致按照合同约定的价格结算将对发包单位利益明显失衡要求调整的，不予支持。

（2）施工阶段因总承包单位原因解除总承包合同，建筑安装工程费各分部分项存在不平衡报价的，发包单位认为按照合同约定的价格结算对发包单位利益明显失衡的，人民法院或仲裁机构可以委托造价鉴定机构进行鉴定，参照定额标准和（或）市场报价情况据实结算。完成比例是否过低，可根据个案裁量确定。总承包单位认为不平衡报价导致按照合同约定的价格结算将对总承包单位利益明显失衡要求调整的，不予支持。

91. 如何理解不平衡报价？

答：不平衡报价是施工单位在投标时经常采用的一种报价技巧，是指相对于常规报价而言，在工程项目的投标总价不变的前提下，根据招标文件载明的付款条件，有意识地调整投标文件中工程子项目的报价，如将某些子项目的单价调整的高于常规价，同时将另一些子项目的单价调整的低于常规价，从而在保证投标总价具有竞争力的同时，实现尽早收款或前期多结算的经济效益。

92. 不平衡报价有哪些主要模式？

答：（1）时间型不平衡。在投标总价保持不变的情况下，施工单位通过提高早期施工项目（如桩基工程等）的单价和降低后期施工项目（如装修工程、安装工程等）的单价，实现尽早结算、尽早收款，降低前期资金周转成本。

（2）工程量型不平衡。施工单位通过仔细研究招标图纸，结合招标工程量清单和勘察资料以及类似工程施工经验，预测该项目施工过程中工程量与招标文件中载明的工程量之间在实际工作中存在差异，调整不同子项目的单价实现不平衡报价。对施工过程中可能会增加工程量的项目，施工单位将调高该项目单价；预测施工过程中会减少工程量的项目，将调低单价。

（3）风险型不平衡。施工单位利用周期长，工程复杂性，充分分析现场条件设施工过程在项目变更时增加收益。例如，施工单位通过调高物价上涨较快的资源的调价系数和权重，将施工过程中发生调价的风险转移给发包单位。

93. 在不平衡报价时还需要注意哪些？

答：需注意的是，招标管理办法的效力等级一般为部门规章或其他规范性文件，且各省地区对规制不平衡报价的程度不一，由轻至重以此为提示、限制或做出负面评价、禁止。所以，在不存在《民法典》关于民事法律行为无效的情形下，违反招标管理办法的相关规定并不会直接影响中标效力或导致中标合同中的不平衡报价条款无效。

　　若发包单位在评标时未发现不平衡报价并与总承包单位签订合同，在工程结算阶段提出招标过程中存在不平衡报价，并以违反地方招标管理办法为由主张不平衡报价条款无效的，裁判机关应不予支持。

　　同时，根据《民法典》第151条规定："一方利用对方处于危困状态、缺乏判断能力等情形，致使民事法律行为成立时显失公平的，受损害方有权请求人民法院或者仲裁机构予以撤销。"

　　可见，当事人如果以"显失公平"为由请求撤销合同的，要以存在一方"处于危困状态、缺乏判断能力等情形"作为前提条件。不平衡报价作为投标报价的一种方式，在工程招标投标实践中十分常见，属于潜在投标单位或投标单位的市场行为，在法律行政法规未予禁止的情况下，应当认可其合理性。在发包单位没有证据证明其在合同签订时存在"处于危困状态、缺乏判断能力等情形"的情况下，其以"显失公平"为由请求撤销合同的，应当不予支持。

94. 在合同解除后对 "前低后高、 前高后低" 该如何处理?

　　答：如果合同不能履行的原因主要责任在于发包单位，因不平衡报价导致按照合同当事人约定的固定总价结算将对总承包单位核心利益明显失衡的可以参照定额标准和市场报价的具体情况据实结算。根据该处理原则反推可知：

　　（1）在总承包单位报价"前低后高"时：

　　1）发包单位原因导致合同解除的，因发包单位过错导致合同未能履行给总承包单位造成损失，可以按定额或市场价结算，以达到损失赔偿的效果；

　　2）总承包单位或其他原因（非发包单位原因）导致合同解除的，根据诚实信用原则，总承包单位应受其意思表示拘束；

　　3）双方过错导致合同解除的，按照过错比例，将总承包单位报价与市场价差额部分酌情分配。

　　（2）在总承包单位报价"前高后低"时：

　　1）发包单位原因或其他原因（非总承包单位原因）导致合同解除的，发包单位应受工程量清单价格拘束；

　　2）总承包单位原因导致合同解除的，总承包单位作为过错方，为避免对发

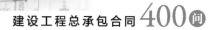

包单位利益失衡，可以参照定额标准或市场价据实结算；

3）双方过错导致合同解除的，按照过错比例，将总承包单位报价与市场价差额部分酌情分配。

不平衡报价是以工程整体项目整体考虑作为基础，但在施工合同解除后，由于工程尚未全部完成，如果径直按照前期过高或过低的不平衡价格来结算价款，有可能造成对发包、承包单位任何一方当事人存在不公平。

但是，人民法院或仲裁机构不能以存在不公而直接调整合同价格，还需要考虑合同解除的原因，即当事人是否存在违约行为。《民法典》第566条第2款规定："合同因违约解除的，解除权人可以请求违约方承担违约责任，但是当事人另有约定的除外。"因此，在合同解除后，当事人仍然可以请求违约方承担违约责任。

95. 合同中途解除后对 "前低后高、前高后低" 该如何处理？

答：根据《民法典》第584条的规定，当事人一方不履行合同义务或者履行合同义务不符合约定时所承担的违约赔偿范围，包括合同履行后可以获得的利益。因此，对于合同中途解除后的不平衡报价调整可作以下分析：

（1）在总承包单位报价"前低后高"时，总承包单位前期施工价格所产生的"亏损差价"会通过后期施工的高价得到弥补。

1）在因发包单位原因导致合同解除时，前期施工的"亏损差价"在法律上应体现为"履行利益"，总承包单位可以要求发包单位承担违约赔偿责任，按照定额或市场价进行结算。

2）在因总承包单位原因导致合同解除时，总承包单位作为违约方则无权要求发包单位赔偿履行利益，应当按照合同约定进行结算。

（2）在总承包单位报价"前高后低"时，总承包单位前期施工价格过高，但发包单位可以通过总承包单位后期施工价格较低得到弥补。

1）在因总承包单位原因导致合同解除时，发包单位因总承包人前期施工相较于正常价格所多支付的差价，在法律上通用可以视为"履行利益"，发包单位可以要求总承包单位承担违约赔偿责任，按照定额或市场价进行结算。

2）在因发包单位原因导致合同解除时，发包单位作为违约方则无权要求总承包单位赔偿履行利益，应当按照合同约定进行结算。

96. 承包单位因合同无效向发包单位主张损失赔偿有哪些情形？

答：（1）实际支出损失。因发包单位的原因造成建设工程施工合同被确认无效的，如发包单位规避招标、肢解招标、虚假招标。发包单位未取得建设规划审批手续等原因导致建设工程施工合同无效的，发包单位应赔偿总承包单位因办理招标投标手续支出的费用、合同备案支出的费用、订立合同支出的费用、除工程价款之外的因履行合同支出的费用等实际损失和费用。

（2）停工、窝工损失。因发包单位原因导致总承包单位停工、窝工、承包单位有权主张损失的情形。

（3）采取适当防止停工、窝工损失扩大措施。在工程施工合同履行过程中，如果发包人违反合同约定，总承包人有义务采取适当措施，防止停工、窝工损失扩大。

还需要注意的是，如果多种原因造成工程停工、窝工损失，难以证明双方当事人在造成停工、窝工方面责任大小的，可根据双方在合同履行中的过错程度以及各自所受损失的情况确定停工、窝工损失，既要符合公平原则，也符合双方当事人履行合同的实际情况。

（4）工期索赔。工期延误会增加工程成本，增加费用的开支，造成企业可能失去下一个项目的机会。还会增加延期带来的其他损失。

97. 承包人有权主张停工、窝工损失主要包括哪些情形？

答：（1）建设工程施工过程中涉及隐蔽工程的，隐蔽工程在隐蔽以前，总承包单位应该提前通知发包单位检查，如发包单位接到通知未及时检查的，总承包单位可以要求顺延工期，并有权要求发包单位赔偿窝工损失。

（2）建设工程合同中约定由发包单位提供原材料、设备、场地、资金、技术资料的，发包单位未能按照约定的时间和要求提供原材料、设备、场地、资金、水电、技术资料，工程总承包单位可以要求顺延工期，并有权要求发包单

位赔偿窝工损失。

（3）发包单位不履行告知变更后的施工方案、施工技术交底、完善施工条件等协作义务，造成总承包单位窝工，以致难以完成工程项目建设项目，总承包单位发出催告在合理期限内要求履行，发包单位逾期仍不履行的，总承包单位有权要求发包单位赔偿窝工损失。

98. 发包单位因合同无效向承包单位主张损失赔偿有哪些情形？

答：（1）实际支出损失：如果总承包单位无资质或超越资质等级承揽建设工程项目、总承包单位转包、违法分包建设工程项目，导致建设工程施工合同无效的，也应赔偿发包单位因办理招标投标手续所支出的费用、合同备案支出的费用、订立合同需支出的费用、准备或实际履行合同支出的费用等实际支出损失。

（2）工期索赔：不能及时接收并使用建设工程，不仅造成其工程管理费用、投资成本增加，也导致其不能按计划实现投资目的，如期竣工。也失去盈利机会，损失交易利益。

（3）工程质量导致的损失：施工合同无效，因实际施工人原因导致工程质量损失的，发包单位有权向总承包单位主张损失赔偿责任。如果发包单位对质量不合格也存在一定过错的，发包单位也要承担一定相应比例的过错责任。

（4）其他人身的财产损失：根据《民法典》第 802 条，如果因总承包单位的原因致使建设工程质量发生缺陷，造成发包单位受到人身和财产损害的，发包单位有权要求总承包单位承担赔偿损失责任。

99. 设计变更引起价款结算的有哪几种情形？

答：（1）合同内工程量的增减。对于这种情况，人民法院应当审查该增减部分是否属于计价规则的可调整范围，对此可以采取司法鉴定的方式解决。如是建设工程子项目施工的工艺发生变化导致工程量增减，一般不予调整价款。

但如果是设计变更、增加或取消某子项目导致工程量的增减，则根据增减项目所对应的合同报价在总价中予以调整，如无此对应报价，则可参照当地建

设行政主管部门发布的计价规范、标准办法处理。

（2）合同外工程量的增加。由于超出了固定总价的范围，应当另行计算。依据《建设工程价款结算暂行办法》的规定，应先参照其他相似工程部分价款结算的合同约定处理，如合同中无约定的或约定不明的，可以参照当地住建城乡建设行政主管部门发布的价款结算计价方法和标准处理。

100. 当事人就工程量计算发生争议应如何确定工程量？

答：（1）对于工程量的种类、范围和计算方法，建设工程施工合同中有明确约定的，按照合同约定进行计算和确认。

（2）在合同履行过程中，发生工程设计变更的，以双方当事人之间达成的补充协议、会议纪要、工程变更单、工程联系单、工程对账签证等书面文件形式作为载体的证据，都可以作为结算工程量并进而作为当事人结算工程价款的依据。

（3）如当事人对工程量的多少存有争议，有未签证等书面文件，在总承包单位能够证明发包单位同意其施工时，其他非书面的旨在证明工程量的证据，在经过举证、质证等程序后足以证明该证据所证明的实际工程量事实的真实性、合法性和关联性的情形下，在一定条件下也可以作为计算工程量的依据。

101. 反映工程量变化的载体有哪几种？

答：（1）会议纪要：双方当事人商量工程量方面的会谈形成的纪要，都是对某些问题做出决定，可以视为合同有关内容的一种补充。还需要经过双方签字或盖章认可的会议纪要才能作为直接证据使用。

（2）工程检验记录：建筑物定位放线验收单、基础验槽记录、钎探记录、轴线检查记录、设备开箱验收记录、水电消防实验、试压记录等，具体能反映在一定程度上的工程量变化。

（3）来往电报、函件等可以证明发生变化的时间、原因等情况：这些文件还可以说明双方就一些问题的交流信息，可以评价双方当事人对事情的观点和看法。也是双方当事人就一些问题进行的交流信息。

（4）工程洽商记录：记录记载工程施工中地下障碍的处理、工程局部尺寸材料的改换、增加或减少某项工程内容的情况。

（5）工程通知资料：发包单位提供的场地范围、给排水、电接通位置、水准基点、施工作业时间限定、施工道路指定等以书面的方式告知总承包单位。

（6）工程联系单：是参建一方对有关工程内容在事前提出、经确认后作为施工和结算依据、涉及工程量变更和工程价款调整的补充性文件，是参建双方履行合同的一个重要组成部分，是控制造价和调整的重要依据。

102. 情势变更制度与不可抗力制度两者有什么区别？

答：在这里我们强调的是两者的制度，千万不要将两者混淆了。不可抗力制度和情势变更制度具有相同之处，也有很多不同之处，在适用《民法典》规定的情势变更制度时更需要注意与不可抗力制度加以区别。其两者制度有以下不同之处：

（1）制度价值不同：

1）不可抗力制度是一种免责事由；

2）情势变更的法律效果是合同变更或解除。

（2）适用范围不同：

1）不可抗力制度作为民事责任的一般免责事由，适用于所有民事责任领域；

2）情势变更仅为合同领域的一项特殊制度。

（3）对合同的影响方式和程度不同：

1）不可抗力制度的适用前提是不可抗力造成当事人不能履行合同的后果；

2）情势变更制度中的基础条件发生重大变化对合同履行也造成了重大影响，但是一般来说合同仍有继续履行的可能，只是继续履行合同对一方当事人明显不公平。

（4）法律效果不同：

1）适用不可抗力制度体现为免责，但其不导致变更合同内容，合同部分不能履行的，其他部分继续履行，待影响消除后继续履行；

2）情势变更制度体现的是合同的变更或解除，不直接具有免责效果。

（5）当事人权力行使方式和程序不同：

1）受不可抗力影响的一方应及时向对方发出通知并在合理期限内提供证明；

2）情势变更则应当首先与对方协商，协商不成可通过法院或仲裁机构对合同进行变更或解除。

103. 在合同条款中对涉及工程价款的结算内容如何约定？

答：工程价款给付方式大体分为工程预付款、工程进度款、竣工结算款三种形式，根据《建设工程价款结算暂行办法》第七条规定，发包单位和总承包单位应当在合同条款中对涉及工程价款结算的事项需要进行以下约定：

（1）预付款的数额、支付时限及抵扣方式；

（2）工程进度款的支付方式、数额及时限；

（3）施工中发生变更时，工程价款的调整方法、索赔方式、时限要求及金额支付方式；

（4）发生工程价款纠纷的解决方法；

（5）约定承担风险的范围及幅度以及超出约定范围和幅度的调整办法；

（6）工程竣工价款的结算方式与支付方式、数额及时限；

（7）工程质量保证（保修）金的数额、预扣方式及时限；

（8）安全措施和意外伤害保险费用；

（9）工期及工期提前或延后的奖惩办法；

（10）与履行合同、支付价款相关的担保事项。

在制定合同时，一定要注意上述提到的内容，不然就会给单位带来纠纷和诉讼。

104. 垫资具有哪些特征？

答：在建筑市场中很难说总承包单位的垫资行为是基于真实的意思表示，因为总承包单位处于相对弱势地位而不得不为之，部分中小建筑施工单位甚至迫于竞争压力，不惜以向银行贷款、对外借款来垫资承包建设工程，以获得建设工程合同机会。建设单位的商业风险因为工程垫资的存在而不合理、不公平地转移给总承包单位，这样也很容易引发一系列资金纠纷。导致频频出现总承包单位拖欠农民工工资，拖欠货款、材料款，无力偿还银行贷款等情形，大量纠纷和诉讼也因此相伴而来。我们有必要对垫资方面进行深入了解和正确认识。

垫资是指建设工程的发包单位不用预付和按工程进度给付承包单位工程款，而是作为承包单位的建筑企业预先垫付一定数额的工程款，带资施工到约定部位，再由发包单位进行偿付。

工程垫资的三个特征如下：

（1）垫资在建设施工合同里有着明确的约定；

（2）所垫资金必须用于施工合同项下的工程建设；

（3）垫付的范畴是本应由发包人支付的工程款。

需要注意的是，如果工程垫资是建设单位与总承包单位之间的真实意思表示，总承包单位违反垫资约定，无法继续提供建设资金的，应当承担违约责任。

105. 工程中垫资合同发生纠纷时应如何解决？

答：当事人在垫资合同或合同中对垫资及利息有明确约定的，总承包单位请求按照合同的约定处理本金及利息的纠纷，人民法院予以支持。但是约定的利息计算标准高于垫资时的同类贷款利率或者同期贷款市场报价利率的部分除外。

如果仅对垫资有约定，对利息未约定，则总承包单位请求返还利息的请求是得不到支持；如果虽有垫资的行为，但合同中未关于垫资的约定，则发生纠纷后，对已经发生的垫资部分会按照一般的工程款欠款处理。

如果确认合同无效，则垫资问题也就相应按照无效处理，垫资本金作为返还财产的内容，利息可作为无效合同的损失，根据过错原则处理。

106. 垫资有哪些主要形式？

答：（1）全额垫资：也就是发包单位在工程建设过程中不向总承包单位支

付任何工程价款，而是等建设工程项目全部建设完毕经竣工验收合格后，发包单位才向总承包单位按照约定支付工程价款（也是当前市场说的 BT 建设模式），通常指政府利用非政府资金来进行基础非经营性设施建设项目的一种融资模式，成为一些市场化的主体开展融资和工程建设的重要模式。

（2）按照工程施工进度付款支付方式垫资：这也是施工中最常见的一种，一般是总承包单位施工到一定进度后，由发包单位或监理单位对所完成的工程量和工程款进行审核，并向总承包单位支付相应完成的工程款，如果发包单位未约定预付该部分工程款，总承包单位在获得进度款之前，属于垫资进行施工；还有的建设工程施工合同还约定，总承包单位施工到一定进度后，发包单位就支付一定比例的工程进度款，未支付的那部分就属于总承包单位垫资施工。

（3）按建设工程合同约定垫资：承包单位向发包单位支付一定的保证金：等到建设工程竣工验收合格后才返还，该保证金虽然具有履约担保的功能，但实际由发包单位作为建设工程的各项费用支出，从本质上也是具有总承包单位垫资的属性；

需要注意垫资行为，在施工过程中出现的节点和是否应该起算认为是垫资行为的。如果很清楚这一点就要在合同中进行个约定，减少可能会带来的损失。

107. 对支付工程欠款利息的起算时间如何计算？

答：（1）有约定的工程支付的具体日期，则应以该日期届满之日起算工程款利息。

如果建设工程施工合同约定了工程款支付的具体日期，则应以该日期届满之日起算工程款利息。如果建设工程施工合同约定承包单位应提交结算资料后发包单位应当于在一定期限内审核完毕并支付工程款，发包单位在合同约定的审核结算期内无正当理由拒绝结算或故意拖延结算的，如在审核期限届满后又以总承包单位提交的竣工结算文件不完整为由拒绝结算的，则应当自发包单位的审核期限届满之日起计算欠付的工程款利息。

但是，如果总承包单位提供的竣工结算文件不完整，并且发包单位有证据证明其已经在审核期内提出异议，说明发包单位未支付工程款是因为对结算工程款数额有异议，双方当事人未对异议部分的工程款数额达成一致，发包单位并非未按照合同约定逾期不审核结算文件或无正当理由不支付工程款，则不应从审核期限届满之日起计算工程款利息，而应当根据建设工程项目能否竣工验收、工程质量是否合格、有没有交付使用等不同的实际情况分别予以处理。同时对于建设工程施工合同约定待总承包单位递交结算资料、发包单位审核完毕后付款而没有明确具体期限的，应当视为当事人关于支付时间按照约定不明的处理。

（2）合同对付款时间没有约定或者约定不明的，下列时间视为应付款时间：

1）建设工程实际交付的，建设工程交付之日；

2）建设工程没有交付的，总承包人提交竣工结算文件之日；

3）建设工程价款未结算，建设工程也未交付的，当事人起诉之日。

按上述所说，利息应当从应付工程价款之日计付。

108. 确定工程价款有哪些方式？

答：建设工程施工合同中，对于确定工程价款的方式，一般有以下三种形式：

（1）采用固定价格合同。双方在合同专用条款内约定合同价款包含的风险范围和风险费用的计算方法，在约定的风险范围内合同价款不再调整。风险范围以外的合同价款调整方法，应当在专用条款内约定。

（2）可调价格合同。合同价款可根据双方的约定而调整，双方在专用条款内约定合同价款调整方法。

（3）成本加酬金合同。合同价款包括成本和酬金两部分，双方在专用条款内约定成本构成和酬金的计算方法。在可调价合同中合同价款调整因素包括：

1）法律、行政法规和国家有关政策变化影响合同价款；

2）工程造价管理部门公布的价格调整；

3）一周内非承包单位原因停水、停电、停气造成停工累计超过8小时；

4）双方约定的其他因素。

109. 价格约定明显高于或低于定额计价标准或市场价格引起的争议，该如何解决？

答：在建设工程施工合同纠纷中，通常我们遇到双方当事人在合同中都做有特别的约定，有的约定是明显高于或低于定额计价标准或市场价格的，在发生纠纷后，当事双方有一方提出撤销或改变原有合同约定的。应根据《民法典》的自愿和诚信原则，只要双方当事人的约定不违反法律和行政法规的强制性规定，不管双方当事人签订的合同或具体条款是否合理，均应遵从双方当事人的约定。

建设工程施工合同约定的工程价款计算标准与建筑行业主管部门颁布的工程定额标准和造价计价办法不一致的，应以合同约定为准。当事人以合同约定与定额标准不一致为由，提出请求按照工程定额标准结算的，人民法院不予支持。

因为建设工程定额标准是各地建设主管部门根据本地建筑市场建筑安装工程成本的平均值确定的，可以理解为是完成单位工程量所消耗的劳动、材料，以及机械台班等的标准额度，属于政府指导价范畴，应当允许合同双方当事人随着市场行情订立与定额标准不一致的工程结算价格。合同双方当事人签订低于总承包单位类别、资质等级定额标准的建设工程合同也属市场经营行为，应当认定双方当事人签订的建设工程施工合同是有效的。

110. 对所有停工损失费是否要区分承担责任？

答：对于停工损失费的承担，必须先分清哪些损失是无效合同造成的，哪些损失是与合同效力无关。对于因无效合同造成的损失，应当由造成合同无效的过错方来承担。对于不是因无效合同造成的损失，基于诚信原则，应当由造成实际损失的过错方承担。因此，即使是由于总承包单位的过错造成施工合同无效，但总承包单位停工是由于发包单位的原因造成的，停工损失与合同效力无关，该责任就应当由造成实际损失的过错方发包单位承担。对于发包单位原因导致停工窝工的，发包单位应对总承包单位的损失承担责任，但是总承包单位也不应该盲目放任停工状态的持续，而应当积极采取补救措施减少停工时间，避免损失扩大，否则对于扩大的损失总承包单位须自行承担责任。而在实际工作中，双方当事人对损失扩大部分并没有引起高度重视，也没有对这方面进行过索赔，所以，在这方面双方当事人要引起重视，避免给双方当事人带来损失和纠纷。

111. 在合同无效的情形下，承包单位的工程价款该如何支付？

答：施工合同无效，但建设工程经竣工验收合格，总承包单位请求参照合同约定支付工程价款的，应予支持。参照合同约定支付总承包单位工程价款，即按照合同约定的工程价款、付款时间、工程支付进度等进行考量。相反，如是其他的因素导致的合同无效，例如，发包单位未取得建设工程规划许可证、施工许可证，该建设工程项目为违章建筑，发包单位无法取得总承包单位所投入的财产，总承包单位此时享有的是赔偿损失的问题，而非要求发包单位支付工程价款的权利，总承包单位所享有的权利不具有优先受偿的特性。

在这需要注意的是，一定要竣工验收合格才能按照合同约定支付工程价款，但也出现发包单位拖延竣工验收，这里我们一定要注意这个问题，要及时办理有关验收手续，当事人及时收集有关证据，来充分证明竣工验收合格的文件。应当清楚不是所有合同无效都是按照原合同约定支付工程价款的。

112. 《工程总承包计价计量规范意见稿》对编制清单时有哪些规定？

答：根据《房屋建筑和市政基础设施项目工程总承包计价计量规范（征求意见稿）》（建办标函〔2018〕726号）第4.5.9项的规定："招标人在初先设计后编制项目清单，对于土石方工程、地基处理等无法计算工程量的项目可以只列项目、不列工程量。但投标人应在投标报价时列出工程量"；第6.2.2项更要求投标人在编制投标报价时应承担复核义务，"招标人在初步设计图纸后招标的，若投标人发现招标图纸和项目清单有不一致，投标人应依据招标图纸按下列规定进行投标报价。

（1）如项目有不一致，有增加的，列在章节后'其他'项目中，有减少的，

在项目清单对应位置填写'零'。

（2）如内容描述有不一致，依据招标图纸报价，将不一致的地方予以说明。

（3）如项目工程量有不一致，投标人应在原项目下填写新的数量。

（4）如投标人的做法与项目清单中描述的不一致，投标人应在原做法下填写新做法，并报价，但原内容不能删除，对应价格位置应填写'零'，即总承包单位应对工程量清单所列的量和项目描述的准确性和完整性负责，总承包单位在投标时可对项目清单中认为需要增加的内容（包括项目描述、数量、做法等）自行增加并报价，一切在报价时未报价项目，均被视为已包括在报价金额内，如总承包单位的投标报价已被发包单位接受，总承包单位不得再以工程量清单所列的量和项目描述与实际施工情况不符为由而主张调整合同价格。"

综上所述，我们应该明白，首先应以合同约定为准，但在合同没有约定或约定不明的情况下，如果总承包单位填报的已标价工程量清单已被发包单位接受，总承包单位再以工程量清单所列工程量、项目描述等与实际施工情况不符为由，主张调整合同价格的，应不予支持。

所以在这里提醒大家一定要分清工程总承包和施工总承包在编制清单时有所不同，执行的规范标准也不一样，一定把项目的性质分清楚。

113. 当事人认为以固定总价结算不公平，该如何处理？

答：总承包单位或者发包单位认为合同约定的固定价格结算不公平，提出通过其他方式来解决工程价款的方法。有的申请审计部门进行审计，有的申请鉴定机构进行鉴定，有的要求由评估部门进行评估，有的别的省市还有审价方式等。针对这些情况，都是不同的价格确定部门采用不同的方法，确定同一工程价款。因此，不管是采用什么方法，只要是当事人不同意按照合同约定的固定总价结算工程价款的，都属于《建设工程施工合同司法解释（一）》第28条"当事人约定按照固定总价结算工程价款，一方当事人请求对建设工程造价进行鉴定的，人民法院不予支持"规定排除的情形。当然，对于因发包单位提出设计变更等原因导致工程款数额发生增减变化的，需要对该增加的超出原合同约定的部分工程款进行确定和调整。

　　需要注意的是，这并不是认可对整个工程造价进行鉴定，而只是对因发包单位提出设计变更等原因导致工程款数额发生增减变化的，造成工程价款增减部分按合同约定的结算方法和结算标准计算工程款。

第七章

竣 工 结 算

1. 工程竣工后应如何进行结算？

　　答：依据《建设工程施工发包与承包计价管理办法》第 18 条规定：工程完工后，应当按照下列规定进行竣工结算：

　　（1）总承包单位应当在工程完工后的约定期限内提交竣工结算文件。

　　（2）国有资金投资建筑工程的发包方，应当委托具有相应资质的工程造价咨询企业对竣工结算文件进行审核，并在收到竣工结算文件后的约定期限内向承包方提出由工程造价咨询企业出具的竣工结算文件审核意见；逾期未答复的，按照合同约定处理，合同有约定的，竣工结算文件视为已被认可。

　　非国有资金投资的建筑工程发包方，应当在收到竣工结算文件后的约定期限内予以答复，逾期未答复的，按照合同约定处理，合同没有约定的，竣工结算文件视为已被认可；发包方对竣工结算文件有异议的，应当在答复期内向承包方提出，并可以在提出异议之日起的约定期限内与承包方协商；发包方在协商期内未与承包方协商或者经协商未能与承包方达成协议的，应当委托工程造价咨询企业进行竣工结算审核，并在协商期满后的约定期限内向承包方提出由工程造价咨询企业出具的竣工结算文件审核意见。

　　（3）承包方对发包方提出的工程造价咨询企业竣工结算审核意见有异议的，在接到该审核意见后一个月内，可以向有关工程造价管理机构或者有关行业组织申请调解，调解不成的，可以依法申请仲裁或者向人民法院提起诉讼。

　　发承包双方在合同中对本条第（1）项、第（2）项的期限没有明确约定的，应当按照国家有关规定执行；国家没有规定的，可认为其约定期限均为 28 日。

2. 发包单位和承包单位对竣工结算文件有异议该如何处理？

　　答：发包单位对竣工结算文件有异议，应当在答复时间内向总承包单位提出，并可以在提出异议之日起的约定时间内与总承包单位进行协商；发包单位

在协商时间内未与总承包单位协商或经协商未能与总承包单位达成协议的，应当委托工程造价咨询企业进行竣工结算审核，并在协商事件完后的约定期限内向总承包单位给出竣工结算文件审核意见。而总承包单位对竣工结算文件有异议，应在接到结算审核意见后一个月内，可以向有关工程造价管理机构或有关行业组织申请调解，调解不成的，可以依法申请仲裁或向人民法院起诉。

3. 现场出现的工程签证应该如何理解？

答：在实际施工中出现工程签证还是比较多的。有时候也会把签证和变更混在一起操作。对于工程签证是指在施工合同履行过程中，发包、承包双方根据合同的约定，就合同价款之外的费用补偿、工期顺延以及因各种原因造成的损失赔偿等形成的确认证明。其中非总承包单位原因停工造成工期拖延的工期签证是总承包单位证明工期顺延的重要依据。但是工程签证是需要经发包单位或者经授权的监理单位签认方可有效进行索赔。在实际操作中有些工程施工操作不规范和不严谨，发包单位也借助自身优势地位，对总承包单位提出的申请拖延或推诿不给予签证，监理单位由于是发包单位委托的要想办理签证也是有一定困难的，在这方面还需要在专用条款中进行约定。

4. 对于发包单位或监理单位按约定应签证但未给签证的情况，施工单位该如何证明？

答：主要能证明在合同约定的期限内向发包单位或监理单位申请过工期顺延且顺延事由符合合同约定。其主要证明材料不仅是采取索赔意向书、索赔报告等固定形式，根据工程惯例，其他书面文件，如会议纪要、洽商记录、签证单或联系单、进度计划修订说明、现场施工日志，以及现场录像视频等，其中包括对事件的描述并且能表明总承包单位主张权利（工期延长或额外付款）的内容，也可以证明承包单位向发包单位或监理单位提出过工期顺延申请。

还要注意除上述之外还有变更设计、分包工程、未按期支付工程款等行为的工期顺延。

5. 工程分包延误该如何判断?

答：在实际工作中常遇到发包单位分包工程导致工程延误的问题。以往发包单位分包工程时很少考虑总承包单位的施工顺序，发包单位另行分包的工程应该不能影响总承包单位施工，总承包单位还应对分包工程的施工进度进行合理安排管理和监督，尤其在总承包单位收取分包配合费情况下，更应当尽到总承包单位的职责。如因工程分包导致工期延误情况下，应加以区分原因。

如果是因发包单位迟延分包，分包单位迟延进场、施工迟延等原因造成工期延误，总承包单位都有权主张工期顺延。如果属于总承包单位未履行总承包单位的职责，未能给分包单位合理安排，以及配合分包的工程项目，则总承包单位应当承担相应工期延误责任。有时发包单位和总承包单位均应对各自过失承担工期延误相应责任。

例如：建设单位直接指定分包单位并单独约定工程款计价规则且直接支付工程价款，总承包单位负有约定的管理义务并收取了一定比例的总包服务费，建设单位应对分包工程的工期迟延承担主要责任，由于工程延期的原因多少也有总承包责任，人民法院认定，总承包单位也承担一定的责任。所以我们要做好现场资料的收集工作，来确定导致供其延期的责任。

需要注意的是，我们还应加强对会议纪要、洽商记录、工作联系单、进度计划说明、现场施工日志、现场视频录像等材料的审查，来正确判断因分包导致的工期原因。

6. 在什么时限内应当提交竣工结算资料?

答：往往作为总承包单位很少能在竣工验收完后将竣工结算及时提交。当然存在的原因很多。有发包单位的原因，也有总承包单位的原因，但是作为总承包单位应该及时提交结算报告。避免延后造成单位的资金压力。根据《建设工程施工合同（示范文本）》（GF - 2017 - 0201）14.1 条关于建设工程竣工结算的规定，一般除专用合同条款另有约定外，总承包单位应当在工程竣工验收合格后 28 天内向发包单位和监理单位提交竣工结算申请单，并提交完整的结算资

料，有关竣工结算申请单的资料清单和份数等要求由合同当事人在专用合同条款中约定。

《建设工程总承包合同（示范文本）》（GF‐2020‐0206）14.51竣工结算申请除专用合同条件另有约定外，承包人应在工程竣工验收合格后42天内向工程师提交竣工结算申请单，并提交完整的结算资料，有关竣工结算申请单的资料清单和份数等要求由合同当事人在专用合同条件中约定。

依据《建设工程价款结算暂行办法》第十四条（三）单项工程竣工后，承包人应在提交竣工验收报告的同时，向发包人递交竣工结算报告及完整的结算资料，发包人应按以下规定时限进行核对（审查）并提出审查意见。

7. 竣工结算申请单包括哪些内容？

答：依据《建设工程总承包合同（示范文本）》（GF‐2020‐0206）14.5.1，除专用合同条件另有约定外，竣工结算申请单应包括以下内容：

（1）竣工结算合同价格。合同价格是指"发包单位用于支付承包单位按照合同约定完成承包范围内全部工作的金额，包括合同履行过程中按合同约定发生的价格变化"。

（2）发包单位已支付总承包单位的款项。

（3）应扣留的质量保证金。已缴纳履约保证金的或提供其他工程质量担保方式的除外。

（4）发包单位应支付总承包单位的合同价款。

8. 竣工结算审核需要注意哪些时间节点？

答：依据《建设工程总承包合同（示范文本）》（GF‐2020‐0206）14.5.2（1），除专用条款另有约定外，监理单位应在收到竣工结算申请单后14天内完成核查并及时报送发包单位，发包单位应当在收到监理单位提交的经审核的竣工结算申请后14天内完成审批，并有监理单位向总承包单位签发经发包单位签认的竣工付款证书。如有异议，有权要求修正和提供补充资料，总承包单位应按要求的修改的内容和需要补充资料，提交修正和作好的补充资料的竣工结算

申请单。

但发包单位在收到总承包单位提交竣工结算申请后 28 天内未完成审批且提出异议的，视为发包单位认可总承包单位提交的竣工结算申请，并自发包单位收到总承包单位提交的竣工结算申请单后第 29 天视为已签发竣工付款证书。

需要注意的视为默认这个也有很多争议，需要在专用条款中进行个明确的约定。

9. 竣工结算审核时延期支付需要承担什么责任？

答：依据《建设工程总承包合同（示范文本）》（GF‑2020‑0206）14.5.2 (2)，除专用合同条款另有约定外，发包单位应当在签发竣工付款证书后的 14 天内，完成对总承包单位的竣工付款。如发包单位逾期支付的，就要按照中国人民银行发布的同期同类贷款基准利率支付违约金；逾期支付超过 56 天的，按照中国人民银行发布的同期同类贷款基准利率的两倍支付违约金。

需要注意不要再用过去的思维认为逾期支付的问题，现在超过 56 天后就是两倍的违约金，在这个要引起当事人注意的。

10. 承包单位对发包单位签认的竣工付款证书有异议该如何解决？

答：依据《建设工程总承包合同（示范文本）》（GF‑2020‑0206）14.5.2 (3)，对于有异议部分应当在收到发包单位签认的竣工付款证书后 7 天内提出异议，并由合同双方当事人按照专用合同条款约定的方式和程序进行认真复核，或按照争议解决条款约定处理方式。对于无异议部分，发包单位应先对无异议这部分签发临时竣工结算付款证书，并在 14 天内完成付款。总承包单位逾期未提出异议的，视为认可发包单位的审批结果。

这里我们强调一下，在实际工作中往往对没有纠纷的地方，也没有提出先进行无异议这部分签发临时竣工结算付款证书，我们可以先要求支付这工程价款的权益。

11. 约定竣工结算以审计部门的审计结果为依据，能否申请工程造价鉴定？

答：政府投资项目一般都需要财政部门或审计部门对工程项目审核，也主要是监控财政拨款与使用的行政措施，对民事合同当事人不具有法律约束力。如果当事人明确约定以审计部门的审计结果作为结算依据的，应当尊重当事人意思自治，一方当事人又申请工程造价鉴定的，应当不允许。如审计长期未果的情形下，应区分情况，如查明审计部门确实存在种种原因无法进行审计的，应当允许通过司法鉴定的方式来确定工程造价，解决当事人的纠纷。在审计结果与工程实际情况或合同约定不符的情形下，例如，审计结果存在漏项的或采用了与合同约定不符的计价依据的，应允许当事人就不符的部分可以另行通过司法鉴定确定工程造价，但申请鉴定的一方当事人需要举证证明不符情形的事实的存在。

12. 工程未竣工的情形下对质量如何认定？

答：因总承包单位原因导致工程未竣工，发包单位为了实现工程建设之目的，会将建设工程再次发包给第三方续建，在第三方续建的建设工程，如建设工程经竣工验收，则对总承包单位施工的未竣工工程的质量的判定并无异议。相反，如第三人续建的建设工程因工程质量问题未能竣工验收，导致续建前总承包单位工程质量认定产生纠纷。对总承包单位未竣工工程质量的认定，应当根据工程是否续建加以区别处理。如果工程未交给第三方，则对未完成工程的认定结合当事人提供的证据、工程的状态综合确认。如果在发包单位为对工程质量抗辩时，在发包单位明确无质量异议的情况下，可以视为发包单位对总承包单位未完成工程质量的确认。如发包单位对承包单位未完成的工程质量提出异议时根据举证责任的分配原则，应由总承包单位举证证明未完成工程质量合格。例如承包单位提供了已完成工程的分部分项工程验收合格的手续，则可认定质量合格，除非发包单位有证据推翻该分部分项工程验收。如果在承包单位不能举证的情形下，人民法院可以行使释明权，告知当事人就其问题需要申请

鉴定，应当委托具备资格的鉴定单位进行鉴定，以最终对纠纷的承包单位未完成工程质量纠纷做出判定。

13. 在合同未约定或约定不明的情况下，对支付价款有哪些要求？

答：（1）建设工程实际交付的，以建设工程交付之日为应付款时间，但总承包单位仍未收到全部或部分工程价款，从此时开始，总承包单位可以向发包单位主张欠付工程款并行使优先受偿权。

（2）建设工程未交付，建设工程价款也未结算时，以起诉之日应付款时间，此情况大多数为工程未完工或完工后未经验收。合同约定的工程价款结算条件尚未成就，无法确定应付工程价款之日，应当规定一个拟制的应付款时间，并以此时间点作为计息时间。以起诉时间作为应付款时间，主要是以一审原告起诉时间作为应付款时间是适当的。总承包单位诉发包单位索要工程款时，通常会同时请求法院确认其就案涉工程享有优先受偿权，以起诉之日作为行使优先受偿权的起算时间，有助于提高司法效率。

（3）建设工程施工合同解除或终止履行，且工程未经竣工结算，应区分情况认定应付工程款之日。《民法典》第807条的规定主要是考虑到总承包单位的劳动已经物化在建筑物当中，当发包单位不能按照约定支付工程款时，总承包单位就可以申请人民法院依法拍卖工程，而从中优先受偿。既然是法律特别赋予总承包单位的权利，就应尽可能保护这种权利，合同解除后，总承包单位仍应享有优先受偿权。

14. 建设工程竣工验收应具备什么条件？

答：建设工程竣工验收，是整个建设工程的最尾阶段，也是进行全面检验工程建设是否符合设计要求和施工质量的重要环节。竣工验收的建设工程，必须符合规定的建筑工程质量标准，并具备国家规定的其他竣工条件。建设工程竣工验收应当具备下列条件：

（1）完成建设工程设计和合同约定的各项内容；

（2）有完整的技术档案和施工管理资料；

（3）有工程使用的主要建筑材料、建筑构配件和设备的进场试验报告；

（4）有勘察、设计、施工、工程监理等单位分别签署的质量合格文件；

（5）有施工单位签署的工程保修书。

在实际工作中，往往有些工程的验收并非一次就能够通过，如涉及部分工程质量未达到要求、环保、消防设施不合格等，将面临二次整改、维修并重新申请验收的问题。如果出现建设工程经验收为不合格的，发包单位有权要求总承包单位、在合理期限内无偿修理或者返工、改建。

在总承包单位对建设工程进行修复后，经相关部门再次验收，确认合格之日，方可以作为工程实际竣工日期。对质量不合格的建设工程进行修理或者返工、改建，势必会占用一定的时间，这样可能会导致不能按照合同约定的竣工日期交付工程，而逾期交付是由于总承包单位的工程质量不合格而进行修复占用了时间，总承包单位应当承担违约责任。

15. 提交结算文件需满足哪些条件？

答：结算文件成就的条件。以总承包单位提交的结算文件为依据的，还需要满足两项条件：

（1）总承包单位提出的结算文件是作为结算依据的基本条件。总承包单位递交结算文件应当以书面方式进行，发包单位收到总承包递交的结算文件。按照建设工程施工合同约定，发包单位收到竣工结算文件也应向总承包单位出具书面的凭证。总承包单位仅以口头等形式告知发包单位有关结算文件的内容等，在发生工程款结算纠纷时就很难举证。导致纠纷的产生。应通过签字或者盖章留下证据。总承包单位不能举出证据证明自己已经向发包单位递交了结算文件的，不能产生法律的后果。

（2）结算文件是作为结算依据的必要条件，发包单位应当及时对所接收的结算文件做出答复，发包单位接到总承包单位提出的结算文件后，在建设工程施工合同约定的期限内不予答复，或者即使不同意结算文件的某项内容，也应当向总承包单位做出相应的意思表示，以免因怠于履行义务承担不利后果。

第八章

优先受偿权

1. 工程总承包中设计费是否享有优先受偿权？

答：依据《民法典》第807条规定："发包人未按照约定支付价款的，承包人可以催告发包人在合理期限内支付价款。发包人逾期不支付的，除根据建设工程的性质不宜折价、拍卖外，承包人可以与发包人协议将该工程折价，也可以请求人民法院将该工程依法拍卖。建设工程的价款就该工程折价或者拍卖的价款优先受偿"。

在工程总承包合同的承包范围内包括设计工作，工程总承包合同中的设计费是建设工程价款的一部分。设计费用不宜被排除在优先受偿的担保债权范围之外。发包单位以设计费用不属于建设工程价款优先受偿的范围提出抗辩的，不予支持。

2. 分包人或实际施工人是否可以代位行使工程价款优先受偿权？

答：在工程总承包模式下，与工程总承包具有施工合同关系的分包单位、实际施工人，根据《民法典》第807条规定："发包人未按照约定支付价款的，承包人可以催告发包人在合理期限内支付价款。发包人逾期不支付的，除根据建设工程的性质不宜折价、拍卖外，承包人可以与发包人协议将该工程折价，也可以请求人民法院将该工程依法拍卖。建设工程的价款就该工程折价或者拍卖的价款优先受偿。"但是，分包单位直接向发包单位请求其承建工程的价款就工程折价或者拍卖的价款优先受偿的，不予支持。

根据《民法典》第535条规定："因债务人怠于行使其债权或者与该债权有关的从权利，影响债权人的到期债权实现的，债权人可以向人民法院请求以自己的名义代位行使债务人对相对人的权利，但是该权利专属于债务人自身的除外。

代位权的行使范围以债权人的到期债权为限。债权人行使代位权的必要费

用，由债务人负担。"在总承包单位怠于形式建设工程价款优先受偿权，影响施工分包单位、实际施工人债权实现的，分包单位、实际施工人可依在其承建工程价款范围内可以向发包单位主张优先受偿权。与发包单位直接签订施工分包合同的分包单位，就其承建工程的价款向发包单位主张建设工程价款优先受偿权的，应予支持。与发包单位直接签订设计、采购分包合同的分包单位，就其分包工程的价款向发包单位主张建设工程价款优先受偿权的，不予支持。

3. 联合体行使工程价款优先受偿权取得的价款， 不足清偿全部价款的，联合体成员之间该如何分配？

答：工程总承包联合体成员可以要求对所取得的款项进行分配。如果所取得的款项不足以清偿全部债务时。如工程总承包联合体协议有约定，则按照约定分配；没有约定的，应该按各个联合体成员所应当获得的工程价款的比例进行分配。

在实际工作中，可能出现一方联合体成员已经收取了超过其应得份额价款的情况时，其他联合体成员有权要求多收取款的联合体成员就多收取的部分予以退还。

根据《民法典》第560条规定："债务人对同一债权人负担的数项债务种类相同，债务人的给付不足以清偿全部债务的，除当事人另有约定外，由债务人在清偿时指定其履行的债务。债务人未作指定的，应当优先履行已经到期的债务；数项债务均到期的，优先履行对债权人缺乏担保或者担保最少的债务；均无担保或者担保相等的，优先履行债务人负担较重的债务；担保相同的，按照债务到期的先后顺序履行；到期时间相同的，按照债务比例履行"。

4. 承包单位的工程价款优先受偿权有哪些条件？

答：根据《民法典》第807条规定："发包人未按照约定支付价款的，承包人可以催告发包人在合理期限内支付价款。发包人逾期不支付的，除根据建设工程的性质不宜折价、拍卖外，承包人可以与发包人协议将该工程折价，也可以请求人民法院将该工程依法拍卖。建设工程的价款就该工程折价或者拍卖的

价款优先受偿。"

总承包单位的工程价款优先受偿权的条件如下：

（1）总承包单位的债权是基于建设工程施工合同而产生的权利；

（2）总承包单位必须按照合同约定适当履行义务，但并不以建设工程竣工验收为必要条件；

（3）总承包单位在发包单位未按照约定支付工程价款时，一般应进行催告，经催告仍未支付的，可以通过与发包单位协议将该工程折价，以及申请人民法院将该工程依法拍卖等方式实现。

5. 未竣工的建设工程，工程质量合格，承包单位是否享有优先受偿权？

答：从工程未竣工的原因看，总承包单位未能完成工程施工并竣工验收的原因较为复杂，既有客观原因，也有主观原因。特别是在实际工作中，常会遇到发包单位的资金问题而导致工程未竣工的情况，要是从建设工程款的支付要求看，法律、司法解释对支付工程价款的前提条件强调的是工程质量合格，而非合同效力、工程竣工与否等条件。对于未竣工的工程，只要完成的工程质量合格，总承包单位就享有要求发包单位支付完成合格部分的工程价款权利，且基于总承包单位工程价款之性质，总承包单位对工程价款就应该享有优先受偿权。

6. 建设工程价款优先受偿权包括哪些范围？

答：包括全部工程价款，而非限于总承包单位的劳务成本或总承包单位实际投入建设工程成本。如发包单位与总承包单位签订的建设工程施工合同有效，总承包单位依据合同约定完成建设工程后，建设工程价款的范围就按合同约定确定。如建设工程施工合同无效，但建设工程经竣工验收合格，总承包单位请求参照合同关于工程价款的约定折价补偿，法院予以支持。

如建设工程有增加、变更的工程，当事人申请对工程价款进行鉴定，经质证后鉴定意见可作为认定该事件事实的依据，以签订意见所确定的建设工程价

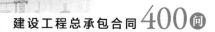

款为准。

7. 建设工程价款的利息是否享受优先受偿权?

答:建设工程价款优先受偿权不仅对发包单位有着利益巨大影响,对抵押权方等第三方的利益也有较大影响。依据《民法典》第 807 条规定:"发包人未按照约定支付价款的,承包人可以催告发包人在合理期限内支付价款。发包人逾期不支付的,除根据建设工程的性质不宜折价、拍卖外,承包人可以与发包人协议将该工程折价,也可以请求人民法院将该工程依法拍卖。建设工程的价款就该工程折价或者拍卖的价款优先受偿。"的同时,也应做好各方当事人的利益平衡。已将总承包单位的利润纳入建设工程价款优先受偿权的保护范围,再将逾期支付工程价款的利息纳入建设工程价款优先受偿权的保护范围就不适宜了。这体现保护弱者与利益平衡的原则。所以,就发包单位逾期支付工程价款利息主张优先受偿权的,人民法院不予支持。

8. 对于违约金、 损害赔偿金等是否就建设工程折价或拍卖的价款优先受偿?

答:依据《民法典》第 807 条规定:"发包人未按照约定支付价款的,承包人可以催告发包人在合理期限内支付价款。发包人逾期不支付的,除根据建设工程的性质不宜折价、拍卖外,承包人可以与发包人协议将该工程折价,也可以请求人民法院将该工程依法拍卖。建设工程的价款就该工程折价或者拍卖的价款优先受偿。"建设工程的价款就工程折价或拍卖的价款优先受偿,但违约金、损害赔偿金属于建设工程价款之外的价款。建设工程价款优先受偿权不同于抵押权,不宜参照适用《民法典》第 389 条规定:"担保物权的担保范围包括主债权及其利息、违约金、损害赔偿金、保管担保财产和实现担保物权的费用。当事人另有约定的,按照其约定"。所以,对于总承包单位就违约金、损害赔偿金等主张优先受偿的,人民法院不予支持。

9. 发包单位从建设工程价款中预扣质量保证金是否可以优先受偿?

答:在建设工程施工合同中,为了确保工程质量,发包单位一般都会要求

总承包单位支付一定比例的工程质量保证金，这并不是另外向发包单位支付一定比例费用的作为工程质量保证金，而是从发包单位应付工程款中扣除一定比例的费用作为工程保证金。在合同约定或者法律、法规规定的缺陷责任期届满后，发包单位再向总承包单位返还扣除的工程质量保证金。实际这工程质量保证金本质上仍属于建设工程价款的一部分，只是为了确保建设工程质量，在合同约定或法律规定了缺陷责任期。在工程价款预扣工程质量保证金视为附期限的工程价款支付的义务。所以，发包单位从建设工程价款中预扣的质量保证金，在建设工程折价或拍卖的价款中也可以优先受偿。

10. 优先受偿权的期限和起算时间是如何规定的？

答：请求工程价款支付是建筑工程总承包单位在建筑合同中所享有最基本权利。为了保障总承包单位积极行使优先受偿权，最高法相继出台规定确定优先权的期限及起算时间。如《工程价款优先受偿权批复》第四条规定："建设工程承包单位行使优先权的期限为六个月，自建设工程竣工之日或建设工程合同约定的竣工之日起计算"。但建设工程结算周期较长，流程比较复杂，在工程竣工后六个月期限内，双方很难达成结算，参照《民法典》第419条规定："抵押权人应当在主债权诉讼时效期间行使抵押权；未行使的，人民法院不予保护"，总承包单位应当在合理期限内行使建设工程优先受偿权，但最长不得超过18个月，自发包单位应当付建设工程价款之日起算。总承包单位超过18个月仍没有主张优先受偿权的，其再主张优先权则不能得到支持。

11. 采购费用是否属于优先受偿权范围？

答：在工程总承包项目下，设备、采购和施工总承包中施工人自购的材料用于工程之中，在法律性质上并无区别，如果采购的设备等还没有在工程上进行安装，独立于工程，则此时设备还属于总承包单位控制下，总承包单位可以直接主张抗辩权拒绝交付，无须再适用优先受偿权制度予以保护；如果采购的设备等已经安装，依附在建筑物上，与工程形成一个整体，则此时可以采用与设计费用类似的思路，在工程拍卖变卖折价时因无法区分采购费用，此时采购

费用应当一并予以优先受偿。

12. 当事人约定放弃或者限制建设工程价款优先受偿权是否给予支持?

答:如果民事主体放弃或者限制财产权利的行为损害第三人利益的,对第三人不发生效力。所以,发包单位与总承包单位约定放弃或者限制建设工程价款优先受偿权,损害建筑工人利益,因为农民工等建筑工人对建设工程价款和建设工程并不享有直接利益,既不享有物权,也不享有债权。发包单位与总承包单位约定放弃或者限制建设工程价款优先受偿权,可能不会直接损害建筑工人的利益。但是,建筑工人根据总承包单位的要求完成建设工程,将自己的劳务投入建设工程之中,虽不对建设工程价款或者建设工程享有权利,但对总承包单位享有劳动报酬给付请求权。发包单位根据该约定主张总承包单位不享有建设工程价款优先受偿权的,人民法院不予支持。

13. 工程价款优先受偿权的行使有哪些方式?

答:根据《民法典》第807条的规定及司法实际工作中,总承包单位实现工程价款优先受偿权的两种途径:①非诉途径;②诉讼或者仲裁途径。

承包单位与发包单位通过结算或者裁决确定工程价款数额后,如果发包单位未及时支付价款,总承包单位可与发包单位直接协议将工程折价。不过,在很多情形下,是总承包单位在主张工程价款的诉讼或者仲裁中,会合并一起要求法院或者仲裁机构确认其工程价款优先权。然后,总承包单位在执行程序中通过请求法院拍卖工程以实现其优先受偿权。当然,如果给付之诉中,总承包单位未提出确认工程价款优先受偿权的主张,在执行程序中,总承包单位仍可主张工程价款优先受偿权。

需要注意的是,我们通常在实际工作中,发包单位应付工程价款的时间确定之后,总承包单位向法院提起诉讼或者向仲裁构申请仲裁之前,通过发函的形式向发包单位主张工程价款优先受偿权。这种方式是否有效,法律与司法解释并未予明确。

14. 装饰装修工程的折价或拍卖价款是否优先受偿?

答：无论是在人们居住的建筑物中，还是在人们从事生产工作活动的场所中，都离不开装饰装修。装饰装修已经成为工程建设的必然组成部分。是对社会生活有着直接影响的工作。法律、行政法规均明确建筑装饰装修属于建筑活动或者工程建设的内容。《建筑法》第 2 条第 2 款规定："本法所称建筑活动，是指各类房屋建筑及其附属设施的建造和与其配套的线路、管道、设备的安装活动。"《建设工程质量管理条例》第 2 条第 2 款更是明确指出："本条例所称建设工程，是指土木工程、建筑工程、线路管道和设备安装工程及装修工程。"《招标投标法实施条例》第 2 条对建设工程的定义进行了界定，该条规定："招标投标法第 3 条所称工程建设项目，是指工程以及与工程建设有关的货物、服务。""所称工程，是指建设工程，包括建筑物和构筑物的新建、改建、扩建及其相关的装修、拆除、修缮等"结合《民法典》合同编第十八章"建设工程合同"的规定，可以从法律上认定装饰装修工程属于施工工程范围。

所以，装饰装修工程具备折价或者拍卖条件，装饰装修工程的承包单位请求工程价款就该装饰装修工程折价或者拍卖的价款优先受偿的，人民法院应予支持。

需要注意的是，由于装饰装修工程依附于主体工程，装饰装修工程的价值只有与其依附的主体工程一起使用才能体现出来，而且装饰装修工程通常因主体工程用途的改变而改变，因而工程价款优先受偿权以装饰装修工程具备折价或者拍卖条件为前提，总承包单位不得仅因装饰装修工程价款未按照合同约定支付便要求对建设工程整体进行处分。

第九章

工 程 质 量

1. 存在哪些质量缺陷， 发包单位主张给予支持?

答：工程质量是工程总承包合同的主要核心内容之一，工程总承包模式下的工程质量缺陷与传统施工总承包模式下的工程质量缺陷在认定上有着较大区别。在工程质量概念上看，工程总承包模式下的工程质量边界要大于施工总承包模式下的工程质量，其不仅包含所形成的工程实体质量要求的内涵，还包含形成工程实体质量过程中所涉及的其他所有环节工作质量，以及实现工程总承包合同预期目的要求的质量内涵。因此，工程总承包模式下，发包单位以工程总承包项目工作质量存在下列之一而主张工程质量缺陷的，应予支持：

（1）不满足设计文件的要求；

（2）不满足施工任务书（技术标准）的要求；

（3）不满足合同约定或发包人的要求；

（4）不满足工程项目功能和性能要求；

（5）不满足工程建设强制性标准的要求；

（6）违反法律法规强制性规定的要求。

需要注意的是，发、承包单位就工程总承包项目质量标准的约定不明的，一方当事人请求参照《民法典》第511条第1项确定质量标准的，应当予以支持。

2. 如何认定出具的设计成果具有设计质量缺陷?

答：工程总承包单位出具的设计成果文件具有下列情形之一的，可以认定为存在设计质量缺陷：

（1）设计成果文件不符合法律法规强制性规定。建设工程设计涉及社会公共利益，国家对其管理非常严格。从《建筑法》到《建设工程质量管理条例》《建设工程安全生产管理条例》《建设工程勘察设计管理条例》等法律法规，都

对建设工程设计文件的质量要求作出了明确的规定。

（2）设计成果文件违反了工程建设强制性规范的要求。工程建设强制性标准，也称工程建设标准强制性条文，是指工程建设标准方面规范中直接涉及工程质量、安全、卫生及环境保护等方面的工程建设标准强制出来性条文。工程建设强制性标准作为工程质量的技术依据，对保证建设工程质量具有重要的意义。

（3）设计成果文件不符合设计深度的规定。所谓设计深度，是指设计图纸所要达到的深浅程度。建设工程设计是指对设工程所需的技术、质量、经济、资源、环境等条件进行综合分析、论证，编制建设工程设计文件的活动。

（4）设计成果文件不符合合同约定或"发包人要求"。如果双方在合同中对设计成果的质量要求进行了具体的约定，那么设计单位提交的设计成果还应当符合合同的约定。如果发包单位对工程项目提出了具体的性能指标、规模标准等方面的要求，那么设计成果还应当符合"发包人要求"。设计成果是否符合合同的约定以及"发包人要求"也是设计成果是否存在质量缺陷的一项重要判断标准。

3. 项目性能标准及最低性能标准如何认定， 责任如何分担？

答：结合双方的合同约定及相关证据，按照符合合同根本目的的标准合理确定项目的最低性能标准。合同中虽然未明确约定最低性能标准。当事人也未能举证证明合同根本目的能否实现的，以强制性国家标准、推荐性国家标准或行业标准为最低性能标准。

如工程总承包项目安排有竣工试验，则在按照合同约定的程序进行相应的试验后无法实现发包单位要求的性能标准但满足最低性能标准的，发包单位有权要求总承包单位更换、重作并赔偿相关损失，或直接要求总承包单位减少工程价款并赔偿相关损失而免除总承包单位就该性能标准的保证义务。

如工程总承包项目安排有竣工试验后，则在按照合同约定的程序进行相应的实验后无法实现发包单位要求的性能标准但满足最低性能标准的，发包单位有权要求承包单位维修并赔偿相关损失，或直接要求承包单位支付相应的赔偿

金而免除总承包单位就此性能标准的保证义务。

如工程总承包项目在按照合同约定的程序进行相应的实验后无法实现最低性能标准的，发包单位请求解除合同并要求总承包单位承担违约责任的，人民法院或仲裁机构应予支持。

4. 项目性能标准及最低性能标准在实操中应当关注哪些？

答：（1）工程总承包项目的发承包单位双方应当尽量在合同中细化约定发包单位所要求的最低性能标准，以及未能实现合同中约定的发包单位所要求的性能标准的损害赔偿费的计算方法，从而尽最大可能减少发承包双方未来不必要的争议，以及围绕争议所可能发生的巨额救济成本。

（2）有关性能指标的检验程序，应当允许可超过 1 次，但也不能超过合理期限，在赋予承包单位合理限度的自行"纠错"机制的同时，也要注意平衡好无过错的发包单位利益的保护。

5. 发包单位导致的设计质量缺陷责任该如何承担？

答：工程总承包模式下，工程总承包主张由发包单位承担过错责任的，应予支持。

（1）发包单位要求错误；

（2）指定设计单位承担设计任务。

如工程总承包有过错的，也应当承担相应的过错责任。

发包单位指令变更工程设计违反工程建设强制性标准规定造成设计质量缺陷的，适用工程总承包模式下因发包单位错误指令、通知等造成的质量问题责任分担方式的规定。发包单位提供的项目基础资料或现场障碍资料有缺陷造成工程质量缺陷的，合同对责任承担有约定的，按照合同约定执行。合同没有约定的，且发包单位也未给予总承包单位充分的时间和条件符合前期资料的，或者该前期资料是总承包单位无法通过通常的方法进行复核的，由发包单位承担相应的过错责任的。

对于非因承包单位过错的法律法规变化、不可预见的地质情况等原因导致

的设计质量缺陷，双方在合同中对于此类风险的责任承担没有约定的，由发包单位承担相应的责任。

6. 发包单位指定设计单位是否要承担相应责任？

答：（1）在以总承包单位牵头组成联合体承揽工程时，发包单位指定设计单位与总承包单位组成联合体承揽工程。此种情形下，虽然发包单位指定的设计单位是以与施工单位组成联合体的形式承接工程的，但由于联合体成员需要共同对发包单位承担连带责任。因此，如果由于指定的设计单位原因导致出现设计质量缺陷，发包单位也应承担相应的责任。

（2）工程总承包单位需要将设计进行分包的，发包单位指定设计分包单位承接设计分包任务，这种情形与施工合同中指定分包较为近似，如果由于指定分包单位的原因导致出现的设计质量缺陷，发包单位也应当承担相应的责任。

需要注意的是，这里涉及发包单位承担相应责任主要是指定设计单位的原因造成的设计质量缺陷。

7. 发包单位导致设计质量缺陷的，　总承包单位是否承担相应的责任？

答：（1）工程总承包单位对发包单位提供的资料、"发包人要求"等有复核的义务，如果在核实过程中明知或应当知道发包单位提供的基础资料、地下障碍物等资料存在错漏的，或在设计过程中发现存在错误的，而没有及时提出的，总承包单位应当承担过错责任。如果发包单位要求或发包单位提供的资料中的错误、失误或缺陷是一个有经验的总承包单位在合同约定的期限内并尽到了合理责任义务之后仍无法发现的，那么总承包单位对此不应承担责任。

（2）根据《建筑法》第54条规定："建设单位不得以任何理由，要求建筑设计单位或者建筑施工企业在工程设计或者施工作业中，违反法律、行政法规和建筑工程质量、安全标准，降低工程质量。建筑设计单位和建筑施工企业对建设单位违反前款规定提出的降低工程质量的要求，应当予以拒绝。"对发包单位提出的违反法律、行政法规和工程建设强制性标准，降低工程质量要求的设计变更等，工程总承包单位不予拒绝而继续设计的，由此造成设计质量缺陷，总承包单位也应承担相应的责任。

（3）对发包单位指定设计单位承担设计任务，无论是工程总承包联合体模式下还是设计分包模式下，作为工程总承包联合体一方或作为工程总承包单位均应当负有管理、协作和配合等义务的，如果工程总承包单位疏于配合与管理，造成设计质量缺陷的，也应当承担相应的责任。

8. 在什么情形下，发包单位要承担工程质量缺陷责任？

答：在工程总承包模式下，发包单位具有下列情形之一的，造成建设工程质量缺陷，总承包单位主张发包单位承担相应过错责任的，应予支持。

（1）提供或指定购买的设备违反强制性标准或不符合最低性能标准，或达不到"发包人要求"；

（2）提供或指定购买的建筑材料、建筑构配件等不符合强制性标准；

（3）直接指定分包单位分包专业工程；

（4）发包单位提供的工艺技术方案或标准不成熟或已经被淘汰。

工程总承包单位有过错的，也应当承担相应的过错责任。

发包单位提供的项目基础资料或现场障碍资料有缺陷造成工程质量有缺陷的，合同对责任承担有约定的，按照合同约定执行。合同没有约定的，且发包单位也未给予总承包单位充分的时间和条件复核前期资料的，或该前期资料是总承包单位无法通过通常的方法进行复核的，由发包单位承担相应的过错责任。

9. 发包单位提供的材料设备应由谁负责检验或试验，费用如何承担？

答：发包单位提供的材料设备在使用前，由总承包单位负责检验或试验，不合格的严禁使用，并通知发包单位予以退还。检验或试验费用由发包单位承担。建筑材料、建筑构配件不合格是造成建设工程质量缺陷的直接原因之一，对发包单位提供的建筑材料、建筑构配件进行检验是保证建设工程质量的重要手段。总承包单位应当依据国家标准规范、设计文件要求、合同约定等对建筑材料、建筑构配件进行检验，这也是总承包单位的合同义务。如果由于总承包单位没有进行检验试验、检验试验后不合格仍然使用等行为导致质量缺陷的，

总承包单位应当承担相应的责任。

10. 发包单位指定分包人分包的工程出现质量缺陷是否承担相应责任?

答:(1)该分包单位是由发包单位指定,但是总承包单位与分包单位签订分包合同。这种情形下,由于与分包单位签订分包合同的仍然是总承包单位,因此根据《建筑法》《民法典》的相应规定,仍应由总承包单位与发包单位对分包工程的工程质量承担连带责任。但由于该分包单位是发包单位指定,在发包单位的分包合同工程出现质量缺陷时,发包单位也要承担相应的责任。

(2)发包单位直接与该分包工程的总承包单位签订施工合同。在这种情形下,总承包单位仍应负有相应的管理义务和责任,督促发包单位履行法律规定以及合同约定的质量义务。如果总承包单位以该分包单位是发包单位直接指定为由怠于履行对该分包单位的管理职责,甚至放纵对于该分包单位的管理,总承包单位也应承担相应的责任。

(3)对于发包单位提供工艺技术方案的,总承包单位负有审核、评估工艺技术方案可行性、先进性等责任。而且相对于发包单位来说,总承包单位更加专业、更具有专业能力对技术方案进行审核、评估。如果总承包单位未适当履行其审核、评估职责,也应承担相应的责任。

11. 工程总承包模式下联合体成员的质量责任如何分配?

答:联合体多个成员之间各自原因共同造成工程质量非正常状态的,成员之间应按照联合体协议承担相应责任。联合体协议对此未约定或约定不明的,可以在查明各个联合体成员的质量风险行为的基础上,根据联合体成员造成工程质量问题的原因大小及过错程度。综合判定各个联合体成员应当承担的责任份额。

工程质量非正常状态按照其对工程质量的危害性质和损害程度分为工程质量偏差、工程质量缺陷、工程质量事故。工程质量非正常状态产生的过程就是质量风险行为不断发生的过程,往往一个工程质量非正常状态的产生是由一个

或多个不同主体实施一个或一系列工程质量风险行为而导致的。

质量风险行为可以考虑按照技术缺陷类风险行为、违法违规类风险行为、不规范类风险行为的类别进行区分。根据质量风险行为的类型、具体表现形式、行为严重性等确定造成工程质量非正常状态的原因力大小及其行为主体的过错程度。

12. 联合体成员的质量风险行为如何分类?

答:联合体成员的质量风险行为一般分:

(1)技术缺陷类质量风险行为(技术缺陷类)。依据:《建筑法》《建设工程质量管理条例》《建设工程勘察设计管理条例》;特点:可由鉴定机构鉴定。

(2)违规管理类质量风险行为(违规管理类)。依据:《建筑法》《建设工程质量管理条例》《建设工程勘察设计管理条例》;特点:无法鉴定,由法律法规明确规定。

(3)不规范质量风险行为(不规范类)。依据:《工程质量安全手册(试行)》、相关学术著作和工程实践经验;特点:无法鉴定,由法律法规明确规定。

13. 勘察单位的质量风险行为有哪些?

答:(1)技术缺陷类。具体表现有:①未按照工程建设强制性标准进行勘察;②提供的地质、测量、水文勘察成果有缺陷。

(2)违规管理类:具体表现有:①转包或违法分包所承揽的工程;②未按规定向施工、监理单位说明勘察意图,解释勘察文件;③未取得资质或超越其资质等级许可的范围或以其他单位的名义承揽工程;④施工中发现的勘察问题,未及时解决。

(3)不规范类:具体表现为未按规定参与施工验收。

14. 设计单位的质量风险行为有哪些?

答:(1)技术缺陷类。具体表现有:①未按照工程建设强制性标准进行设计;②设计文件中选用的建筑材料、建筑构配件和设备,其注明规格、型号、

性能等技术指标，不符合国家规定的标准；③未根据勘察文件进行设计。

（2）违规管理类。具体表现有：①未取得资质或超越其资质等级许可的范围或以其他单位的名义承揽工程；②指定建筑材料、建筑构配件的生产厂、供应商；③在施工前，未就审查合格的施工图设计文件向施工单位和监理单位作出详细说明；④施工中发现的设计问题，未及时解决。

（3）不规范类。具体表现有：①未按规定参与施工验槽；②未按规定向施工单位做技术交底。

15. 施工单位的质量风险行为有哪些？

答：（1）技术缺陷类。具体表现有：①不按设计图纸施工；②违背施工技术标准施工；③偷工减料或使用不合格的建筑材料、构配件和设备；

（2）违规管理类。具体表现有：①未取得资质或超越其资质等级许可的范围或以其他单位的名义承揽工程；②未按规定对建筑材料、建筑构配件、设备和商品混凝土进行检验；③未对有要求和涉及结构安全的试块、试件及有关材料进行取样检测；④不履行或拖延履行保修义务；⑤违法分包、转包工程；⑥项目经理资格不符合要求或未到岗履职；⑦由建设单位委托见证取样检测的建筑材料、建筑构配件和设备等，未经监理单位见证取样并经检验合格的，擅自使用；⑧按规定由施工单位负责进行进场检验的建筑材料、建筑物配件和设备，应报监理单位审查的，未经监理单位审查合格的擅自使用；⑨擅自修改设计文件；⑩未按要求做好施工过程中的各类质量检查和记录；

（3）不规范类。具体表现有：①未设置项目质量管理机构或设置质量管理机构，但未配置质量管理人员；②未配备齐全该项目涉及的设计图集、施工规范及相关标准；③未按要求编制并实施施工组织设计和施工方案；④未按规定进行技术交底。

16. 在工程总承包联合体模式下，联合体内部如何承担责任？

答：根据《建筑法》第 29 条第 2 款规定："建筑工程总承包单位按照总承包合同的约定对建设单位负责；分包单位按照分包合同的约定对总承包单位负

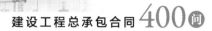

责。总承包单位和分包单位就分包工程对建设单位承担连带责任"。《民法典》第791条第2款规定："总承包人或者勘察、设计、施工承包人经发包人同意，可以将自己承包的部分工作交由第三人完成。第三人就其完成的工作成果与总承包人或者勘察、设计、施工承包人向发包人承担连带责任。承包人不得将其承包的全部建设工程转包给第三人或者将其承包的全部建设工程肢解以后以分包的名义分别转包给第三人"。分包单位就分包工程与总承包单位向发包单位承担连带责任。但总承包单位为联合体时，与分包单位存在合同关系的往往只是某一联合体成员，那么该分包单位的工作应视为该联合体成员的工作，因联合体是经发包单位同意、由两个或两个以上法人或其他组织组成的作为工程总承包的临时机构，那么因分包导致的质量或工期问题，在联合体内部应由签订分包合同的联合体成员承担，联合体协议另有约定的除外。

转包人、违法分包人、挂靠人等实际施工人就其设计、施工的工程质量和工期与总承包单位向发包单位承担连带责任，在联合体内部应最终由作为实际设计人、施工人的合同相对方的联合体成员承担责任。

17. 因发包单位发出错误指令、通知等造成的质量问题，承包单位是否承担责任？

答：在工程总承包模式下，工程质量责任如何承担应根据发包、承包单位签订的工程总承包合同的约定进行处理。一般应由工程总承包承担责任。但是出现的工程质量问题是由发包单位原因造成的，如发包单位发出的指令改变计划、指令不按设计施工、指令改变设计时应采用的设备导致工程质量问题的，应根据总承包单位是否提出异议的情况做出区分。总承包单位作为有充分经验的工程总承包单位，理应发现问题并提出合理异议，除非总承包合同有特殊约定，否则总承包单位不提出异议并按发包单位指令完成工程造成质量问题的，应该就该质量问题承担责任。

联合体牵头单位基于联合体协议，有权代表联合体，牵头单位的异议可以视为联合体的异议；非牵头单位曾提出异议，但联合体仍执行了发包单位的错误指令或通知的，应认为联合体内部未就异议内容达成一致，仍应向发包单位

就质量问题承担连带责任，但提出异议单位可以在联合体内部减轻或免除责任。

18. 工程总承包模式下的保修责任如何承担？

答：工程总承包工程在质量保修期内出现质量问题的，原则上应当由总承包单位承担维修责任；但如果存在以下情况时，发包单位直接要求总承包单位承担赔偿责任的，应予支持。

（1）合同明确约定发包单位就质量责任承担方式有选择权或优先使用赔偿责任；

（2）总承包明确拒绝维修或愿意以赔偿责任替代维修责任；

（3）总承包单位不具备维修能力；

（4）其他不适合由总承包单位维修的情况。

总承包单位为联合体时，实际承担责任的联合体成员根据联合体协议向有责任的联合体成员进行追偿的，应予支持。

19. 保修期和缺陷责任期两者有什么不同？

答：工程保修阶段包括缺陷责任期与工程保修期。

（1）缺陷责任期：在其间有总承包单位原因造成的缺陷，总承包单位负责维修，并承担鉴定及维修费用；如总承包单位未履行缺陷修复义务，则发包单位可以按照合同约定扣除工程质量保证金，并由总承包单位承担相应的违约责任。缺陷责任期届满，发包单位应当返还工程质量保证金。承担的是修复义务。

（2）保修期：是总承包单位按照合同约定对工程承包责任的期限，从工程竣工验收合格之日起计算。保修期内，总承包单位对建设工程的保修义务属于法定义务，不能通过合同约定予以排除。承担的是保修义务。

工程总承包项目的保修期，自工程实际竣工之日起计算。如发包、承包双方约定的保修期的起算点晚于工程实际竣工之日的，视为保修期自工程实际竣工之日至约定的保修期的起算点之日进行了顺延。

工程总承包项目的保修期应大于法定的最短期限。发承包双方约定竣工后有试验程序的，有关部分的保修期的计算，应结合实际竣工之日至竣工后试验合格之日的期限，做相应的顺延。

需要注意的是，过去的称为质量保证金对应的是缺陷责任期。质量保修金对应的是质量保修期。两者有着不同的区别。

20. 工程总承包与施工总承包的项目质量合格标准是否存在区别？

答：在工程总承包模式下，总承包单位需对项目的设计、采购、施工以及项目的整体使用功能负责，更加注重设计、采购、施工的衔接和融合以及对项目整体使用运行的试验，总承包单位需通过设计完善、设备采购及运行质量合格、施工质量合格以及试运行效果满足"发包人要求"等"多重质量"考验。

而施工总承包模式下，在发承包双方签约时，施工图一般已构成合同附件，施工图纸各项参数均明确具体，双方当事人对施工范围、质量标准等都能够较为清楚。总承包单位是按照图纸施工，只需对项目的施工质量负责。

21. 发包单位前期已经安排勘察、设计工作，要求后介入的承包单位转为工程总承包单位，如何处理对勘察和设计出现的瑕疵？

答：发包单位前期已经安排勘察、设计工作，要求后介入的总承包单位转为工程总承包单位，由工程总承包单位另行与前期勘察、设计单位签订分包合同，后续因前期勘察、设计单位的工作所引发的工程质量瑕疵，前期勘察、设计单位对其分包范围内的部分承担直接责任，工程总承包负总责。但工程总承包单位以发包单位变相指定分包存在过错进行抗辩，要求减轻或免除自身的质量责任的，应予支持。

如工程总承包合同中约定工程总承包单位对于前期勘察、设计成果负有复核义务，并且同时约定了发包单位需要支付相关费用的，或工程总承包合同中有明确的责任承担约定的，工程总承包单位再行提出的有关抗辩主张，不予支持。

22. 关于工程总承包"假"联合体，是否承担责任？

答：设计单位与施工单位组成联合体承揽工程总承包项目后，设计单位又

与施工单位签订分包合同情形下，因设计单位的原因导致施工质量瑕疵的责任承担问题。设计单位和施工单位组成的联合体共同作为工程总承包单位与发包单位签订工程总承包合同，应共同就工程质量向发包单位承担连带责任，且不论导致工程质量瑕疵的责任是联合体内部的设计单位还是施工单位造成，也不影响联合体各方对工程质量向发包单位承担连带责任。对于内部而言，施工单位因设计问题的过错对发包单位承担责任后，可以向设计单位进行追偿。

23. 目前联合体共同承包还需要满足哪些条件？

答：根据目前法律、行政法规的规定，工程总承包领域的联合体共同承包，以及构成法律意义上的联合体，需要满足以下几个条件：

（1）联合体在招投标阶段（直接发包的项目在合同谈判阶段）形成，联合体成立的前提是发包单位接受联合体形式，也就是联合体必须经发包单位同意。

（2）联合体之间应当签订联合体共同投标协议或联合体分工协议提交给发包单位，明确各方的工作职责的责任划分。没有联合体协议，或虽签订了联合体协议但以一人名义投标的均不属于联合体。

（3）联合体中标或签约之后，联合体成员应共同与发包单位签订工程总承包合同，或在共同投标协议中约定、授权由联合体牵头单位与发包单位签订合同且发包单位对此认可。

需要注意的是，以上三个属于必要条件，只有同时满足才可能构成联合体，方可属于《建筑法》中"联合共同承包"的情形。

24. 发包单位承担质量责任有哪些主要情形？

答：（1）发包单位的技术文件存在缺陷，且属于总承包单位不应当发现的缺陷；

（2）"甲供料"存在缺陷，并且总承包单位通过检验也很难发现的；

（3）发包单位肢解发包，发包单位直接指定分包，且总承包单位已依照合同约定履行了总承包单位职责；

（4）发包单位擅自修改或变更设计方案等。

25. 对具备施工资质的承包单位行为规范明确了哪几种情形？

答：根据《建设工程质量管理条例》第 27 条至第 32 条对具备施工资质的承包单位行为规范进行了明确。具体都包含如下情形：

（1）在分包合同约定或者发包单位同意分包时，选用的分包单位分包工程质量应属合格，否则应与分包单位对发包单位就工程质量承担连带责任；

（2）按施工图和施工技术标准施工，不得擅自修改设计，这既包括发包单位擅自要求变更的设计，也包括自行决定修改设计方案的情形，同时发现设计文件和图纸存在差错的，也应及时向发包单位反馈；

（3）除施工规范合格外，也应对建筑材料、建筑构配件、设备和商品混凝土进行检验，留存检验记录备查，未经检验或者检验不合格，即使发包单位要求，也不得使用进行施工；

（4）无论是施工过程中还是竣工验收合格后，发现质量问题应负责翻修，确保建设工程质量合格；

（5）加强人员培训管理，考核合格方可上岗作业。

26. 由于施工单位原因造成的工程质量问题有哪几种情形？

答：（1）施工单位不按照工程设计图纸和施工技术规范施工造成的工程质量问题；

建筑工程设计图纸是施工单位据以施工的依据，施工单位应当严格依照工程设计图纸进行施工，建筑工程施工单位擅自修改工程设计图纸是导致建筑工程出现质量问题的原因之一。

（2）施工单位未按照工程设计要求、施工技术标准和合同的约定，对建筑材料、建筑构配件和设备进行检测，使用不合格的建筑材料、建筑构配件和设备等，造成的质量问题。

（3）建筑物在合理使用寿命内，地基基础工程和主体结构的质量出现问题；建筑工程竣工时，屋顶、墙面留有渗透、开裂问题。

屋顶渗漏的主要原因是施工工序未按照技术规定进行，或建筑材料或防水

材料不合格造成的。墙面开裂也主要是施工方面的原因。屋顶是建筑物的顶部结构，其应坚固、耐久、防渗漏，并具有保温、隔热、防水等性能。墙面是指墙体表面，其应当可观、防开裂，这是合格建筑工程应达到的基本要求。

另外工程质量缺陷还应包括：地面、屋顶、门窗工程等出现的问题；室内地坪空鼓、开裂、起沙、厕所、厨房、盥洗室地面泛水、积水、漏水等质量问题；电气管线、上下水管线的安装工程的工程质量问题；电气线路、开关、电表的安装，电气照明器具的安装，给排水管道、排水管道的安装等出现的问题；供热、供冷系统工程的质量问题等。

27. 承包单位与发包单位混合过错都有哪些情形？

答：承包单位与发包单位混合过错主要有以下情形：

（1）发包单位明示或暗示承包单位使用不合格的建筑材料、构配件和设备，承包单位明知该情形，没有及时提出意见或建议或拒绝建设单位要求，继续施工；

（2）涉及建筑主体和承重结构变动的装修工程，发包单位在施工前未委托原设计单位或具有相应资质等级的设计单位提出设计方案，直接要求承包单位进行施工的，承包单位明知该情形，直接施工，擅自变动房屋建筑主体和承重结构；

（3）发包单位擅自变更工程设计图纸和施工技术标准，或发现设计文件和图纸有过错的，承包单位未及时向发包单位提出意见和建议，或未拒绝发包单位的不合理要求，继续施工；

（4）发包单位明示或暗示施工单位违反工程建设强制性标准，降低工程质量，承包单位为承揽工程，未予拒绝，仍继续施工的；

（5）按合同约定，发包单位提供建筑材料、构配件、设备，承包单位未经检验或检验不合格，仍继续使用施工的。

28. 采购分包单位与总承包单位就产品质量是否承担连带责任？

答：在工程总承包合同模式下，包括设计、采购、施工等内容，根据《建

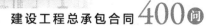
建设工程总承包合同400问

筑法》及《民法典》相关规定，负责设计及施工部分工作的，无论是合法分包单位，还是违法分包单位、转包人、挂靠人等，均应当与总承包单位一并就工程质量问题向发包单位承担连带责任。应予支持。

但是，发包单位要求负责采购工作的分包单位与总承包单位就产品质量承担连带责任的，不予支持。因为发包单位可以依据《产品质量法》向负责采购的分包单位主张其承担产品质量责任，但并无法律规定要求负责采购的分包单位与总承包单位承担连带责任。

29. 工程质量问题承担连带责任还需要注意哪些？

答：还需要注意的是分包单位与违法分包单位的承担责任不一样。依据《建筑法》第29条规定分包单位承担的是"连带责任"，而《建筑法》第66条、第67条规定违法分包人、转包人、挂靠人承担的是"连带赔偿责任"。其原因在于，分包单位是基于履行合法的合同，而违法分包人、转包人、挂靠人其承担责任的基础是无效合同，合同无效情形下，当事人承担的为折价补偿损失赔偿等责任。这个问题我们一定要弄清楚。

30. 采购单位是否承担连带责任？

答：依据《建筑法》第29条第2款规定，"建筑工程总承包单位按照总承包合同的约定对建设单位负责；分包单位按照分包合同的约定对总承包单位负责。总承包单位和分包单位就分包工程对建设单位承担连带责任。"从该规定看，并没有区分从事何种工作的分包单位应当与总承包单位承担连带责任，单纯从本条之规定很难说是否包括采购，但是从《建筑法》的内容来看，主要在于勘察、设计、施工等方面。工程总承包涵盖设计、采购、施工等工作，工程总承包单位与分包单位、违法分包单位、转包人、挂靠人等向发包单位连带承担责任的范围，包括施工和设计，但不包括采购。

31. 发包单位是否可以追究采购的分包单位的责任？

答：工程总承包合同中，如果将负责采购的分包单位定义为产品的使用者，

那么因其使用不合格的产品造成的质量问题或其他损害理应向发包单位承担责任。如果将负责采购的分包单位定义为产品的生产者或销售者，依据《产品质量法》第43条规定："因产品存在缺陷造成人身、他人财产损害的，受害人可以向产品的生产者要求赔偿，也可以向产品的销售者要求赔偿。属于产品的生产者的责任，产品的销售者赔偿的，产品的销售者有权向产品的生产者追偿。属于产品的销售者的责任，产品的生产者赔偿的，产品的生产者有权向产品的销售者追偿。"发包单位作为最终的受损害人，可以追究生产者和销售者的责任。

无论将负责采购的分包单位的所处位置做何种定性，发包单位均有权要求采购的分包单位就所采购的建筑材料、建筑构配件和设备承担瑕疵担保责任。从上述规定中，发包单位可以追究负责采购的分包单位责任的权利，但是未有规定采购的分包单位与总承包单位承担连带责任。

32. 发包单位指定分包单位或供应商或特定产品型号，是否要承担责任？

答：在施工合同项目下，发包单位指定分包单位的情况，发包单位需要承担过错责任，但在发包单位指定材料、构配件或设备时，仅仅在该材料、构配件或设备不符合强制性标准的情况，发包单位才承担过错责任。在工程总承包合同中，因为总承包单位负责工程的设计工作，发包单位指定的材料、构配件或设备可能虽然是符合强制标准的，但却可能会对总承包单位的整体工程设计构成较大影响。

如果发包单位在合同签订之前已经提供了所需必要的技术参数，总承包单位理应根据提供的技术参数一并考虑到工程设计方案之中；但如果发包单位在施工过程中才提出指定分包单位，并且未向总承包单位提供所需必要的技术参数，由此所造成质量问题的，发包单位仍有可能承担相应的过错责任。

33. 总承包单位或供应商将采购工作交由第三人完成的行为是否无效？

答：如合同明确约定设备、材料、构配件采购工作必须由总承包单位自行完成，或该工作根据其性质必须由总承包单位自行完成，而且总承包单位将该工作交由第三人完成的，发包单位可以要求总承包单位承担违约责任，如该违约行为导致合同目的不能实现的，发包单位主张解除合同，应予支持。

工程总承包单位或供应商将设备、材料、构配件采购工作交由第三人完成，当事人请求确认该行为无效的，一般不予支持。

需要注意的是，工程总承包合同中的采购，主要具有以下两个特点：

（1）根据其性质可能构成不同的法律关系。工程总承包合同中的采购在实践中有多种表现形态，如工程总承包单位本身就是设备的生产商，总承包单位向特定的生产商定制，或是总承包单位向供应商采购但不限制生产商等，在这些形态下，可能构成不同的法律关系。

（2）采购构成了合同的主要义务之一。在施工总承包中，也会存在总承包单位自行采购部分材料的情况，但通常情况下并不会有人将施工合同中的实际施工人采购材料，与工程总承包合同中的采购相提并论。

34. 买卖合同与承揽合同有什么区别？

答：（1）承揽合同是以完成一定的工作为目的的合同，而买卖合同则是以转移所有权为目的。

（2）承揽合同中双方当事人的权利义务所指向的对象主要是一定的行为，承揽人要亲自完成主要工作或次要工作以满足定作人的特殊要求，在承揽合同中定作人对承揽人不但有权请求交付符合质量要求的标的物，而且定作人还享有检查监督的权利，同时也负有协助义务。而买卖合同中双方当事人的权利义务所指向的对象主要是一定的物，卖方既可以自己生产也可以从他人处购买，或者将生产工作完全交由他人完成；在买卖合同中买方对卖方仅得请求交付符合质量要求的标的物，对卖方无检查监督的权利。

无论是买卖合同还是承揽合同，从目前现行的法律规范而言，均无关于将所涉义务交由第三人完成无效的规定，在承揽合同法律规范中，仅规定了承揽人将其承揽的主要工作交由第三人完成的，应当就该第三人完成的工作成果向定作人负责。

需要说明的是，采购方与供应方之间的合同在少数情况下可能被定性为建设工程合同，比如在合同中包括了要求供应方在现场进行安装的内容。在此情况下，如工程总承包单位或供应商将采购工作交由第三人，则可能被认定为违反转包规定而无效。

35. 发包单位擅自使用建设工程后，对工程质量问题是否承担全部责任？

答：依据《建筑法》第62条规定："建筑工程实行质量保修制度。建筑工程的保修范围应当包括地基基础工程、主体结构工程、屋面防水工程和其他土建工程，以及电气管线、上下水管线的安装工程，供热、供冷系统工程等项目；保修的期限应当按照保证建筑物合理寿命年限内正常使用，维护使用者合法权益的原则确定。具体的保修范围和最低保修期限由国务院规定。"

《建设工程质量管理条例》第40条规定："在正常使用条件下，建设工程的最低保修期限为：（一）基础设施工程、房屋建筑的地基基础工程和主体结构工程，为设计文件规定的该工程的合理使用年限；（二）屋面防水工程、有防水要求的卫生间、房间和外墙面的防渗漏，为5年；（三）供热与供冷系统，为2个采暖期、供冷期；（四）电气管线、给排水管道、设备安装和装修工程，为2年。其他项目的保修期限由发包方与承包方约定。建设工程的保修期，自竣工验收合格之日起计算。"根据上述法律、行政法规规定，可以看出，建设工程质量保修是法律规定的强制性制度，并且法律规定了建设工程不同部分的质量保修最低期限。一般情况下，建设工程发包、承包双方在建设工程施工合同中也会依据法律的上述规定，对工程质量保修的范围和期限作出明确约定。总承包单位应在工程保修期限内对工程质量问题进行保修；而依据规定，出现发包单位擅自使用建设工程的情况，工程质量出现的除地基基础工程和主体结构质量以外的所有质量问题；都由发包单位自行承担。这点要引起注意。

36. 在什么情形下，承包单位请求发包单位返还质量保证金的，人民法院给予支持？

答：有下列情形之一，承包单位请求发包单位返还工程质量保证金的，人民法院应予支持：

（1）当事人约定的工程质量保证金返还期限届满。

（2）当事人未约定工程质量保证金返还期限的，自建设工程通过竣工验收之日起满2年。

（3）因发包单位原因建设工程未按约定期限进行竣工验收的，自承包单位提交工程竣工验收报告90日后起当事人约定的工程质量保证金返还期限届满；当事人未约定工程质量保证金返还期限的，自承包单位提交工程竣工验收报告90日后起满2年。

发包人返还工程质量保证金后，不影响承包人根据合同约定或者法律规定履行工程保修义务。

37. 工程保修期间的质量责任划分有哪些原则？

答：（1）总承包单位未按国家有关规范、标准和设计要求施工造成的质量缺陷，由总承包单位负责返修并承担经济责任。

（2）设计方面的原因造成的质量缺陷，由总承包单位负责返修，其费用通过建设单位向设计单位索赔。

（3）因建筑材料、构配件和设备质量不合格引起的质量缺陷，属于总承包单位负责采购的，总承包单位承担经济责任。属于建设单位采购，但总承包单位提出异议而建设单位坚持使用的，由建设单位承担经济责任。

（4）建设单位或建筑物所有人使用不当造成的质量缺陷，由建设单位或建筑物所有人自行承担责任。

（5）因地震、洪水、台风等不可抗力或自然灾害造成的质量事故，总承包单位、设计单位、监理单位不承担经济责任。

38. 工程质量保证金与工程价款能否主张一并或分开？

答：当事人主张工程质量保证金与工程价款有以下情形：

（1）主张工程款，在这种情况下应认为当事人同时包括了工程质量保证金；

（2）将工程质量保证金与工程价款加以区分单独主张；

（3）明确在扣除工程质量保证金的情况下主张工程款；

（4）明确单独主张工程质量保证金。

结合上述所说，工程质量保证金属于总承包单位工程价款的一部分，也是发包单位从应付工程款中预留的资金，用于保证在缺陷责任期内对工程缺陷进行维修而进行的预扣。工程质量保证金本质上也是属于工程价款的，总承包单位主张工程款时一并主张工程质量保证金不存在法律上的障碍。

如果总承包单位单独主张工程质量保证金时，如建设工程尚在缺陷责任期内，则因工程质量保证金未到返还时间，其主张难以得到支持。如总承包单位在缺陷责任期内单独就工程质量保证金之外的应支付工程款提起诉讼，未主张工程质量保证金，只要其起诉符合《民事诉讼法》第 119 条规定的起诉条件，可以单独成诉。

还有就是，如当事人在一审起诉时因建设工程尚在缺陷责任期内未就工程质量保证金提出诉讼请求，但在诉讼过程中或二审期间建设工程缺陷责任期届满而提出诉讼请求的，也可以根据《民事诉讼法》及相关司法解释的相关规定进行处理。

39. 工程总承包模式下联合体内部保修费用该如何承担？

答：在工程总承包联合体模式下，由工程总承包联合体各方对质量问题向发包单位承担连带责任。工程总承包联合体成员单位之一对发包单位承担保修义务后，其可根据保修项目的原因和责任主张其他成员承担保修费用，一般具体分为三种情形：

（1）属于某一个工程总承包联合体成员单位原因的，由该单位承担保修费用。

（2）联合体多个成员之间因各自原因共同造成工程质量问题或其他缺陷的，根据工程总承包联合体成员违约行为与违约后果之间的因果关系强弱程度及过错程度，综合判定各工程总承包联合体成员应当承担的责任份额。

（3）如无法确定属于工程总承包联合体内部哪一方原因和责任的，应由裁判机构根据实际具体案件的情况，根据公平原则酌定各方责任，但若能够举证证明己方没有责任的除外。

40. 竣工交付使用的建设项目必须符合哪些要求?

答:根据《建筑法》《建设工程质量管理条例》的有关规定,竣工交付使用的建设项目必须符合以下要求:

(1)完成工程设计和合同中规定的各项工作内容,达到国家规定的竣工条件;

(2)工程质量符合国家安全规定的标准,如符合房屋土建工程验收标准、安装工程验收标准等;

(3)符合工程建筑设计和工程建设合同约定的内容;

(4)有完整的并经有关部门审核的工程建设技术数据及档案图纸材料;

(5)有建筑材料、设备、购配件的质量合格证件资料和试验检验报告;

(6)有勘察、设计、施工、工程监理等单位分别签署的质量合格文件;

(7)有工程施工单位签署的工程质量保修书;

(8)已办理工程竣工交付使用的有关手续。

工程竣工验收一般由建设、勘察、设计、施工、监理等五个单位派员组成验收组进行验收,验收结果要报当地建设工程质量监督管理部门备案,建设工程质量监督管理部门可视情进行抽查、复核。属于国家或地方重点建设项目的,竣工验收的程序还必须符合国家或地方有关部门的规定和要求。建设工程经验收合格后,方可交付使用,未经验收的不得交付使用。建设工程验收合格表明工程是按照工程合同的约定履行了合同义务。

41. 承包单位在无约定的情形下, 请求发包单位返还质量保证金有哪些情形?

答:如果当事人没有约定的或约定不明的,则参照该规定,缺陷责任期不能超过2年的期限。通常情况下,当事人对返还工程质量保证金没有约定或约定全部或者部分违反了《建设工程质量保证金管理办法》的相关规定处理情形:

(1)当事人对返还工程质量保证金没有形成任何书面协议或其他形式的协

议。如当事人未采用《房屋建筑和市政基础设施项目工程总承包计价计量规范（征求意见稿）》的情况下，发包单位预留了工程质量保证金，但双方对于返还期限没有约定，按照建设工程通过竣工验收之日起满2年。

（2）当事人对返还工程质量保证金期限虽然有约定，但是约定全部或者部分违反了《建设工程质量保证金管理办法》的相关规定，如当事人约定工程质量保证金自工程通过竣工验收之日起满3年后返还，则当事人该约定违反了《建设工程质量保证金管理办法》缺陷责任期最长不超过2年的规定，超过2年的期限不能认定为缺陷责任期；或者当事人约定主体工程质量保证金竣工3年后返还，其他部分工程质量保证金竣工1年后返还，则因关于主体工程缺陷责任期的约定超过2年，超过2年的期限不能认定为缺陷责任期。

（3）如当事人虽然对返还工程质量保证金有相关的约定，但约定不明且根据合同相关条款及相关证据又无法确定返还期限的，也应视为当事人未约定。按照自建设工程通过竣工验收之日起满2年。

42. 未经竣工验收，发包单位擅自使用后出现质量问题的如何处理？

答：根据《建筑法》的有关规定，总承包单位对建筑工程质量承担责任。但是，在建设工程未经过竣工验收或者验收未通过的情况下，发包单位违反法律规定，擅自或强行使用，即可视为发包单位对建筑工程质量是确认的，或者虽然工程质量不合格其自愿承担该责任的。随着发包单位的提前使用，后期带来的工程质量责任风险也由总承包单位随之转移给发包单位，并且确认发包单位提前使用的时间，为工程交付时间。

建设工程未经竣工验收，发包单位擅自使用后，又以使用部分质量不符合约定为由主张权利的，人民法院不予支持；但是总承包单位应当在建设工程的合理使用寿命内对地基基础工程和主体结构质量承担民事责任。

这里我们需要注意的是，发包单位仅对使用部分承担质量责任，对于没有使用的部分，出现工程质量问题，仍应由总承包单位承担责任。再不要认为对没有使用部分一样承担责任的思维，不然就会给本单位带来困扰。

43. 第三方造成的质量问题该如何解决?

答:联合体向发包单位承担质量责任后,联合体选择基于合同关系向第三方主张违约责任的,基于合同相对性,若与第三方的合同并非联合体全体成员签订的,则原则上应由签订合同的联合体成员进行主张。

与第三方的合同虽是联合体中部分成员签订的,未签订合同的联合体其他成员能够证明其与签订合同的联合体成员就该合同存在委托代理关系,未签订合同的联合体成员可以根据《民法典》第 925 条规定:"受托人以自己的名义,在委托人的授权范围内与第三人订立的合同,第三人在订立合同时知道受托人与委托人之间的代理关系的,该合同直接约束委托人和第三人;但是,有确切证据证明该合同只约束受托人和第三人的除外"和第 926 条规定:"受托人以自己的名义与第三人订立合同时,第三人不知道受托人与委托人之间的代理关系的,受托人因第三人的原因对委托人不履行义务,受托人应当向委托人披露第三人,委托人因此可以行使受托人对第三人的权利。但是,第三人与受托人订立合同时如果知道该委托人就不会订立合同的除外"向第三方主张权利。

与第三方签订合同的联合体成员怠于向第三方追偿的,已经向发包单位实际承担质量责任的联合体其他成员可以根据《民法典》第 535 条规定提起代位权诉讼。因第三方造成的质量问题,无论第三方与联合体之间是否存在合同关系,联合体全体成员或任一成员均可选择基于侵权法律关系向第三方主张赔偿责任。

44. 如何理解 "竣工试验" "竣工验收" "竣工后试验" 这三个概念?

答:(1)竣工试验。根据《工程总承包合同示范文本》(GF - 2020 - 0216)通用条件 1.1.4.10 竣工试验的定义,是指在工程总承包合同及其附件"发包人要求"中规定或双方商定的,或作为增项增加的,在全部工程或区段工程(视情况而定)完工后且在发包人接手前,根据通用条款第 9 条"竣工试验"要求进行的试验。也就是说,竣工试验是竣工验收前,承包单位按要求进行的试验。

（2）竣工验收（也称工程竣工验收）。根据《工程总承包合同示范文本》（GF－2020－0216）通用合同条件1.1.4.11竣工验收的定义：它是指承包人完成了合同约定的各项内容后，发包人按合同要求进行验收。可以看出，竣工验收是发包人按合同要求组织的检验和工程接收。

（3）竣工后试验。根据《工程总承包合同示范文本》（GF－2020－0216）通用合同条件1.1.4.12竣工试验后的定义，它是指在工程竣工验收后，根据通用合同条件第12条［竣工后试验］约定进行的试验。

45. 建设工程未通过竣工验收的缺陷责任期如何确定？

答：缺陷责任期确定的前提是工程通过竣工验收合格，这是返还工程质量保证金的一般原则。建设工程的缺陷责任期从工程通过竣工验收之日起算，如果工程没有通过竣工验收主要包括：建设工程在组织竣工验收后未通过竣工验收、建设工程长期处于停滞状态无法完工和竣工验收等情形。如因工程质量不合格、工程手续不完备导致工程无法通过竣工验收时，则无论是发包单位原因还是总承包单位原因，都不存在确定缺陷责任期的前提条件。发包、承包单位必须适当履行各自在建设工程施工合同中的权利义务，使得建设工程达到竣工验收合格，方可确定缺陷责任期。如因长期拖延导致烂尾工程等原因无法竣工验收的，因工程没有通过竣工验收，缺陷责任期是否确定对于工程没有意义。但无论是否存在缺陷责任期，都不影响总承包单位根据法律规定及合同约定承担保修责任。

第十章

工　　期

1. 在施工总承包和工程总承包两种模式下的开工日期应如何认定?

答：施工总承包模式下，开工日期为施工作业开始时间，也就是设计文件中规定的任何一项永久性工程首次破土开槽的开始日期。不需要开槽的工程，已正式打桩的日期作为开工日期。

工程总承包模式下，按照 FIDIC 银皮书的相关规定，EPC 项目的开工日期视为工程的开始时间。我国工程总承包模式下的开工日期视为工程开始日期。既包括设计开工日期和施工开工日期两部分内容，在无具体约定情形下，工程开工的日期应以承包范围内第一项工程任务开始的时间为准。

2. 当发包单位或工程咨询机构签发工程开始通知时，工程开始日期如何认定?

答：当发包单位或工程咨询机构签发工程通知时，应以工程开始通知载明的开始日期作为工程开始日期，如勘察或设计委托函、项目启动通知，也可以是正式的开工令等。不论哪种形式，只要该通知的内容属于工程总承包范围内，并为工程总承包范围内的第一项工程任务，其载明的开始日期可认定为实际工程开始时间。当然尚不具备开始条件的除外。

3. 承包单位实际推迟开始有哪些主要原因?

答：（1）发包单位未向总承包单位提供约定的设计基础资料、现场障碍资料等相关资料。所谓基础资料主要指发包人提供给承包人的经有关部门对项目准或核准的文件、报告（如选厂报告、资源报告、勘察报告等）、资料（如气象、水文、地质等）、协议（如原料、燃料、水、电、气、运输等）和有关数据等，以及设计所需的其他基础资料。现场障碍资料，指发包单位需向承包单位提供的进行工程设计、现场施工所需的地上和地下已有的建筑物、构筑物、线

缆、管道、受保护的古建筑、古树木等坐标方位、数据和其他相关资料。在不具备上述完整的项目基础资料和现场障碍资料的前提下，承包单位很难开展准确的工程设计，故会出现延迟开始的情形。

（2）发包单位虽向总承包单位提供了约定的设计基础资料、现场障碍资料等相关资料，但提供的资料不真实、不准确或不齐全。此种情形下，总承包单位依然无法开展准确的工程设计，所以，需要发包单位在约定时间向总承包单位进一步提供补充资料。但对于发包单位提供的一些资料，承包单位有义务针对其短缺、遗漏、错误之处进行审阅，并在收到发包单位提供的资料后及时向发包单位进一步补充要求，因为总承包单位未能在规定时间内提出要求而发生的开始延迟，应由总承包单位承担责任。

（3）总承包单位不能按时开始，主要在于发包单位未按约定向总承包人支付一定比例的预付款。实操作中，应先查明总承包单位不能按时开工的主要原因与延迟开始的关系，进而确定合理的开工日期。

（4）外部原因，由于不可抗力或情势变更等事件导致总承包单位延迟开始日期，应以总承包单位实际开始的时间为开工日期。对于外部原因导致不能如期开工，总承包单位应承担证明开工日期顺延的举证责任。

4. 工程总承包项目的实际竣工日期如何认定？

答：按照具体的情形分别处理：

（1）工程总承包项目在发包单位接收前，一般会经过竣工试验程序，若通过竣工试验并被发包单位接收的，则接收证书所载明的日期可推定作为实际竣工日期；若未通过竣工试验，则需要总承包单位按合同约定标准或有关工程质量技术规范进行整改，再次进行竣工试验且通过后，发包单位接收工程，已接受证书载明的日期作为实际竣工日期。

（2）工程总承包项目的总承包单位完成工作后，会向发包单位提交有关的接收申请，要求发包单位检验、接收，若发包单位出于种种目的而拖延接收的，则以实际竣工日期的确认就可能延后，此时应以承包单位提交有关申请之日作为实际竣工日期。

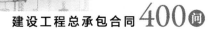

（3）如果工程总承包项目未经竣工实验、竣工验收就被发包单位擅自占有使用的，则已转移占有之日作为实际竣工日期。

5. 在实操中对于 "任意压缩合理工期" 这个问题如何考虑?

答：从现有司法的有关文件的来看，认为任意压缩合理工期将导致合同约定无效。而要从法院判决来看呢，绝大多数人民法院并没有因压缩工期而判决该合同约定无效，还是倾向于认可双方当事人的合同约定。结合司法的有关文件和人民法院判决意见，目前就"任意压缩合理工期"的确认标准提出了两种思维角度的裁判意见：角度一是关于具体的压缩比例在何种情形下构成"任意压缩合理工期"的量化标准，角度二是当事人能否提供保证工程质量、安全和工期的具体技术措施。在工程总承包模式下，就该问题的确认，应从设计、施工、总工期等方面分别予以考虑。

6. 如何理解工期定额?

答：工期定额一般是国有资金投资工程确定建设工期的依据，非国有资金投资工程往往也会参照执行。同时，工期定额作为施工企业编制施工组织设计、安排施工进度计划、机械设备劳动力计划、建设工程施工合同工期的编制依据，直接影响到建筑活动。目前，工期定额主要包括住房和城乡建设部组织编写的《建筑安装工程工期定额》（TY01‐89‐2016）和各地建设行政主管部门组织编写的地方统一工期定额。

由于我国幅员辽阔，各地自然条件差别较大，因此《建筑安装工程工期定额》（TY01‐89‐2016）根据各地气候条件，我国将31省按照科学分类的方法分成了Ⅰ、Ⅱ、Ⅲ三类区域。虽然这样的分类在一定程度上解决了区域气候条件差异带来的影响，但在划分的颗粒度上仍过于粗糙，有文献通过人工神经网络模型的分析后认为《建筑安装工程工期定额》（TY01‐89‐2016）的Ⅰ区域还应进一步分为Ⅰ$_1$区和Ⅰ$_2$区，也有文献通过模糊聚类分析法提出了与现有《建筑安装工程工期定额》（TY01‐89‐2016）差异较大的三类区域划分。

7. 构成任意压缩合理工期可以从哪几个方面进行确认？

答：发包单位压缩定额工期的，应提出保证工程质量、安全和工期的具体技术措施，并根据技术措施测算确定要求工期。对于采用工程总承包模式的建设项目，合理工期应按设计合理工期、施工合理工期以及合理总工期分别予以确认。对于当事人违反工程建设强制性标准，任意压缩合理工期的约定，应认定无效。对于是否构成任意压缩合理工期，可以从以下几个方面进行确认：

（1）存在压缩定额工期的事实并达到压缩比例警告阈值；

（2）缺乏与约定工期匹配的技术措施、施工方案；

（3）发包单位未提供与约定工期匹配的技术措施与缩短工期赶工费。

对于合同约定的工期条款因构成任意压缩合同工期而被确认无效时，可以由当事人进行协商变更，重新约定合理工期。无法协商一致的情况下，可委托鉴定机构对合理工期予以鉴定。

8. 因发包单位的原因导致的工期顺延该如何解决？

答：在总承包单位合同履行过程中，如果发包单位未按约定向总承包单位提供工程设计所需要的资料导致设计工作不能如期开展，或未按约定向总承包单位交付施工场地导致总承包单位未能按期进场或未能按期开展设计工作的，或因地质灾害等其他不可预见的不利物质条件或不可抗力导致总承包单位停、窝工的，总承包单位主张工期顺延的应予支持。

在发包单位所提供的水文、环境或地下管线资料存在瑕疵时，合同约定总承包单位应当负责复核实而未复核，总承包单位以资料存在瑕疵为由主张工期应予顺延的，或发包单位对总承包单位所提交的瑕疵文件资料进行了批准且由于该瑕疵文件导致工期延误的，总承包单位依此上述两种情形主张工期顺延的，不予支持。

9. 因发包单位的原因导致工期延误给设计单位造成的损失如何计算？

答：对于设计方面的损失赔偿。依据《民法典》第 805 条规定："因发包人

变更计划，提供的资料不准确，或者未按照期限提供必需的勘察、设计工作条件而造成勘察、设计的返工、停工或者修改设计，发包人应当按照勘察人、设计人实际消耗的工作量增付费用。"

在此应当注意的是，施工总承包和工程总承包中发包单位提供资料的范围和准确性的程度。在施工总承包情形下，发包单位应当向施工单位提供地质勘察、水文、气象和地下管线等全部资料，并对上述资料的准确性承担责任，如因上述资料的错误导致施工单位受到损失或工期延误的，发包单位应当承担相应的责任。

但在工程总承包的情形下，发包单位应当向总承包单位提供相应的现场数据和参照物等资料，主要是指用于参考的原始勘测控制点、基线和参考标高。对于发包单位所提供的上述现场数据和参照物等资料，总承包单位在考虑可行的成本和时间的前提下应当及时地负责验证和核实上述数据。如果总承包单位应当核实而未核实，由此所产生的责任后果应当由总承包单位予以承担，不应属于发包单位的赔偿范围。

10. 因发包单位的原因导致工期延误给施工方面造成的损失包括哪几个方面？

答：在施工方面的损失赔偿方面，施工总承包和工程总承包的范围几乎是一致的，主要体现在对人工费、机械台班和周转材料的损失赔偿方面。

在施工总承包中，发包单位原因给施工单位造成的损失主要集中在施工过程中所实际发生的损失，并不包括设计和采购方面的损失。

但是在工程总承包合同中，因发包单位原因造成总承包单位的损失不仅包括在施工过程中所发生的损失，还包括因发包单位原因造成的设计和采购方面的损失。总承包单位采购的设备所增加的仓储费用或由于总承包单位没有及时提取所采购的设备所引起的索赔费用这也属于总承包单位的损失的范围，也应当由发包单位予以承担。主要依据是《民法典》第803条规定："发包人未按照约定的时间和要求提供原材料、设备、场地、资金、技术资料的，承包人可以顺延工程日期，并有权请求赔偿停工、窝工等损失。"第804条规定："因发包

人的原因致使工程中途停建、缓建的，发包人应当采取措施弥补或者减少损失，赔偿承包人因此造成的停工、窝工、倒运、机械设备调迁、材料和构件积压等损失和实际费用。"

11. 因承包单位的原因导致工期延误造成的损失能否给予补偿？

答：因总承包单位的原因导致工期延误的，总承包单位理应按照其与发包单位所签订的工程总承包合同的约定，向发包单位承担相应的违约责任。但是在合同未约定或约定不明情形时，发包单位应当就工期延误所给其造成的损失承担举证责任。发包单位应当从其租金或经营收入亏损、行政开支成本增加或延长监理服务费等方面进行举证以证明其损失的数额。

依据《民法典》第 577 条规定："当事人一方不履行合同义务或者履行合同义务不符合约定的，应当承担继续履行、采取补救措施或者赔偿损失等违约责任。"第 582 条规定："履行不符合约定的，应当按照当事人的约定承担违约责任。对违约责任没有约定或者约定不明确，依据《民法典》第 510 条的规定仍不能确定的，受损害方根据标的的性质以及损失的大小，可以合理选择请求对方承担修理、重作、更换、退货、减少价款或者报酬等违约责任。"因此，如因总承包单位的原因导致工期逾期给发包单位造成损失的，总承包单位理应按照《民法典》第 577 条和第 582 条规定向发包单位承担工期逾期的赔偿责任。

12. 发包单位直接指定分包单位的行为是否违规？

答：对于发包单位直接指定分包单位的行为，《建筑法》和《民法典》并没有明确予以禁止。《建筑法》和《民法典》对建筑工程分包问题的规定主要是为了约束总承包单位，限制总承包单位利用分包损害发包单位的利益而作出的规定。《招标投标法》也仅是禁止指定的产品的生产厂家而非分包单位属于采购的范畴，并没有明确禁止发包单位不得指定分包的单位。依据《建设工程质量管理条例》第 78 条规定，建设工程总承包合同未有约定，又未经建设单位认可，总承包单位将其承包的部分建设工程交由其他单位完成的应认定为违法分包。

13. 对于工期延误，是否都由发包单位指定分包单位承担？

答：在工程总承包项目中，发包单位指定分包单位的行为并不违法。同时，发包单位指定分包单位的行为也并不会导致项目工期的延误。只有在因发包单位指定分包单位行为和工期延误的结果有因果关系的；或发包单位直接指定的分包单位造成工期延误的，发包单位才应当对工期延误所造成的后果承担相应的过错责任。

发包单位的指定分包行为不会必然导致分包单位工期延误，分包单位的工期延误的也不一定都是发包单位指定分包行为所导致的，需要分析原因。如在施工过程中，因总承包单位没有按约定及时支付工程进度款所导致的，确以发包单位存在指定分包单位情形为由，要求发包单位向总承包单位承担相应责任的，不予支持。

14. 对有紧前、紧后联合体成员出现节点工期违约如何处理？

答：发包单位和总承包双方在合同明确约定了节点工期和相应违约责任的，发包单位有权依据总承包合同选择向联合体牵头成员在内的任一联合体成员主张违约责任。紧前联合体成员节点工期延误使紧后联合体成员遭遇异常恶劣的气候条件、不可抗力等不利于施工的各种情形，最终造成紧后联合体成员节点工期进一步延误，并给紧后联合体成员造成损失的，紧后联合体成员主张紧前联合体成员向其承担节点工期延长损失的，应予支持。紧后联合体成员节点工期进一步延误的，前后联合体成员按过错责任比例分担延误责任。

15. 联合体成员内部工期该如何分担责任？

答：联合体成员一方对发包单位承担工期延误责任后，要求其他联合体成员承担其对外的工期责任的，按照以下情形分别处理：

（1）联合体内部协议有明确约定的，按照约定处理；

（2）未约定或约定不明的，根据造成工期延误的原因力大小及过错程度确定联合体各方所应承担的工期责任。

紧前联合体成员未按约定工期完成，造成工程的关键路径工期延误，紧后联合体成员进行赶工确保总工期未延长的，今后联合体成员向紧前联合体成员主张赶工费用的，按照以下情形处理：

（1）联合体内部协议明确约定工期责任承担标准的，按照约定处理；

（2）未约定供起责任承担的具体标准，但紧后联合体成员能够证明所主张赶工费用的合理性的，应予支持。

16. 对于工期共同延误，联合体成员该如何分担责任？

答：工程总承包项目较为复杂，规模较大、涉及参建单位多、工期长等特点，在工期发生共同延误的情形下，按照下列原则在联合体成员之间划分工期延误责任，一般按照以下情形进行分担：

（1）按照过错比例划分联合体成员的工期责任；

（2）过错比例难以确定的，由主导原因的责任方承担责任；

（3）如果共同事件既无法确定过错比例且难以区分主导原因的，按照公平原则分摊相应责任。

17. 联合体成员发生的共同延误有哪些前提条件？

答：联合体模式下的共同延误：是指在对于同一工期延误的结果，有可归责于两个或两个以上的联合体成员的延误事件造成的影响。共同延误仅限于当多方独立地对关键线路产生影响时，导致事件的一方或多方应该负责分担其对该项目关键线路的影响，由同一方引起的独立的延误事件一般不被认定为共同延误。

联合体成员发生的共同延误有以下前提条件：

（1）延误事件发生在关键线路，任何一个延误时间在没有其他延误事件的情况下必须能够独立地对关键线路产生延误；

（2）联合体成员的延误事件彼此独立，没有相互影响；

（3）两个或多个延误事件由不相关方负有履约责任，但其中一个可以是第三方事件。

18. 对于承包单位而言，工期索赔有哪几项作用？

答：（1）顺延工期以避免支付承担逾期竣工违约责任。工程逾期竣工，发包单位可能会依据合同约定的违约金条款主张承包单位支付逾期竣工违约金，如总承包单位未及时提出索赔、保留索赔相应证据，则无法抗辩发包单位的诉求，就处在被动地位。

（2）获得赔偿。工程逾期竣工势必给总承包单位造成损失，如人员、施工机械的窝工损失。如果工程能如期竣工，总承包单位就有可能获得其他工程的承建权获得更多利润。

需要对索赔要正确地理解，总承包单位即使索赔对发包单位也有益处的，不要忽视这个问题，因发包单位不仅可以根据发生的事件及时对应，还可以对造成顺延工期和损失补偿做出判断，并且其能够知道工程能否按期竣工，避免工期出现扩大状态。

19. 发包单位延期支付工程款是否能造成工期顺延？

答：针对每个项目具体案例进行分析。发包单位未能按合同约定日期支付工程预付款、进度款、竣工结算款属于施工合同示范文本通用条款约定的发包单位承担延误工期责任的情况，主要应看施工合同的具体约定，在约定中关于在发包单位迟延支付工程款多长时间的情况下，总承包单位可以顺延工期。发包单位迟延支付工程款，总承包单位可以请求发包单位支付延迟支付工程款利息，未必停工或者顺延工期。尤其在双方有垫资约定情况下，迟延支付工程款并不必然会成为工期顺延的理由。其次，如果发包单位迟延支付工程款是因总承包单位存在工期延误、质量不合格、所报工程量不属实等原因，则总承包单位不能因此顺延工期。

20. 发包单位迟延支付，承包单位主张工期顺延应满足哪些条件？

答：发包单位迟延支付，总承包单位主张工期顺延应满足以下条件：

（1）工程款未予支付属于发包单位原因，而非总承包单位原因。

（2）施工合同约定延期支付工程款构成工期顺延事由。

（3）因工程款迟延支付导致工程无法正常进行，总承包单位不能正常支付工资、购买材料、支付机械设备租赁等影响整个工期。

（4）提出供其补偿应有书面证据，包括停工申请、付款申请、索赔报告、签证单、联系单、会议纪要、信函等。

需要注意的是，一般需要对发包单位迟延支付工程款与工期顺延的关系进行具体分析，不宜直接将发包单位拖延支付工程款的事件作为工期顺延天数。要分析梳理事件的整个原因，方可确定是否可以顺延。

21. 工程量增加是否能造成工期顺延？

答：关于工程量的变化的计算往往在工程项目后期才能进行，总承包单位即便在施工过程中为提出变更索赔，但仍然可以向发包单位提出对价格进行变更或取消的工作项目进行补偿的正当要求。有些工程量并不会影响工期，对于大量工程变更，如总承包单位未向发包单位、监理单位提出顺延工期的书面申请，也未经发包单位或监理单位认可，则难以确定顺延天数。如总承包单位对其未申请工期顺延有合理解释，可酌情考虑工程变更对工期的影响。

在无具体工期签证或其他证据因工程量变更实际增加天数时，可以通过已完工程量总价与合同约定总价的比值作为计算系数，再以该系数乘以合同约定总工期计算工期顺延。按比例额计算还要结合增加工程的难易程度、行业惯例等因素酌情予以确定。

需要清楚的是，工程施工合同履行中经常发生变更，如果施工中设计发生变更，监理单位经发包单位同意，向总承包单位作出变更指示，超出原图纸施工范围，由此引起等待变更指令、协商、变更施工准备、材料采购、机械设备准备等，总承包单位有权对增加的工作内容提出工期补偿。

22. 发包单位指定分包单位的行为具有哪些过错情形？

答：发包单位指定分包单位的行为具有过错的情形有：

（1）发包单位指定的分包单位或个人缺乏相应资质。

依据《建筑法》第 13 条规定："从事建筑活动的建筑施工企业、勘察单位、设计单位和工程监理单位，按照其拥有的注册资本、专业技术人员、技术装备和已完成的建筑工程业绩等资质条件，划分为不同的资质等级，经资质审查合格，取得相应等级的资质证书后，方可在其资质等级许可的范围内从事建筑活动。"第 26 条规定："承包建筑工程的单位应当持有依法取得的资质证书，并在其资质等级许可的业务范围内承揽工程。禁止建筑施工企业超越本企业资质等级许可的业务范围或者以任何形式用其他建筑施工企业的名义承揽工程。禁止建筑施工企业以任何形式允许其他单位或者个人使用本企业的资质证书、营业执照，以本企业的名义承揽工程。"

（2）属于依法必须招标的分包工程，发包单位直接指定分包单位。

依据《房屋建筑和市政基础设施项目工程总承包管理办法》第 21 条规定："工程总承包单位可以采用直接发包的方式进行分包。但以暂估价形式包括在总承包范围内的工程、货物、服务分包时，属于依法必须进行招标的项目范围且达到国家规定规模标准的，应当依法招标。"暂估价工作内容虽然包括在总承包范围内，但由于招标时招标人对功能需求尚未最终明确，或者由于设计深度不够而尚无法明确提出技术标准和要求等，因而无法确定价格，而由招标人在招标文件中暂时估定相关工程、货物、服务的金额。

（3）将主体工程或主体设计进行指定分包或指定再分包。

依据《民法典》第 791 条第 3 款规定："禁止承包人将工程分包给不具备相应资质条件的单位。禁止分包单位将其承包的工程再分包。建设工程主体结构的施工必须由承包人自行完成。"《建筑法》第 29 条也规定："……施工总承包的，建筑工程主体结构的施工必须由总承包单位自行完成……禁止总承包单位将工程分包给不具备相应资质条件的单位。禁止分包单位将其承包的工程再分包。"

23. 发承包双方之间发生工期共同延误事件引发工期索赔该如何处理？

答：（1）初始拖延原则。当在同一时间段内发生两种以上原因的拖延时，首先判断哪一种拖延原因是最先发生的，即确定"初始延误者"，由初始延误者

对工期延误负责。在初始拖延发生作用期间，其他并发的拖延者不承担延误责任。这种归责原则具有一定逻辑合理性，如果存在交叉时间段内其他因素所引起的延误事件造成的影响，也要进行综合分析，确认延误责任。否则就失去了公平原则。

（2）不利于总承包商原则。在多干扰事件交叉时段内，只要出现的风险与总承包商有关，无论其中是否有发包单位的原因，都是由总承包单位承担。该归责原则简单易行，但是不符合公平原则和基本逻辑，也与 FIDIC 等国际惯例相抵触。

（3）按比例分摊责任的原则。根据合同法规定的平等公正原则，凡是某一时间段内发生的工期延误既有总承包单位原因也有发包单位原因或者客观原因，那么工期责任就应当由引起延误的当事人负责，按比例分摊。按比例分摊原则虽然公平合理，但是由于责任比例难以确定，因此可操作比例较低。

24. 总承包单位未按照约定申请工期顺延，是否还能顺延？

答：当事人约定顺延工期应当经发包单位或者监理单位签证等方式确认，总承包单位虽然未取得工期顺延的确认，但有足够证明在合同约定的期限内向发包单位或者监理单位申请过工期顺延且顺延事由符合合同约定，承包单位以此为由主张工期顺延的，人民法院应予支持。

当事人约定总承包单位未在约定时间内提出工期顺延申请视为工期不顺延的，按照约定处理，但是发包单位在约定期限后同意工期顺延或者总承包单位提出合理抗辩的除外。如果当事人仅约定总承包单位提出工期顺延申请的期限，但是未明确约定未在约定时间内提出申请视为工期不顺延或者视为放弃权利，也不能直接认定总承包单位未申请顺延工期的后果是丧失主张工期顺延权利。

需要注意的是，当事人的意思表示不仅要看施工合同约定，还要看当事人的实际履行行为。虽然总承包单位未按照约定申请工期顺延，但是如果发包单位在相关会议纪要、联系单、往来函件、承诺函等文件中表明其同意工期顺延，应视为发包单位与总承包单位变更了施工合同的约定，就可以不按照约定的索赔程序。还有就是在总承包单位对其未按照合同约定申请工期顺延予以合理

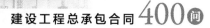

解释。

　　例如，在索赔期限内尚不能确定工期应予顺延的时间、发包单位默许总承包单位可在结算时主张工期顺延等，也应该认定总承包单位并未丧失主张工期顺延的权利。如果其他证据能够形成证据链，证明工期应予顺延工期的，且总承包单位对其未申请工期顺延有合理解释的，人民法院也会综合相关证据进行合理认定，而不应简单地对总承包单位顺延工期的主张一概不予支持。

25. 当发包单位或工程咨询机构未签发工程开始通知时工程开始日期如何认定？

　　答：发包单位或者工程咨询单位未发出工程开始通知，也无相关证据证明实际开始日期的，可分别按照以下情形予以确认：

　　（1）工程开始日期原则上为总承包范围内第一项工程任务开始的时间。

　　（2）当第一项工程任务为勘察设计时，总承包单位收到发包单位提供的勘察设计需要的基础资料、现场障碍资料及约定的预付款项后的一定期限作为工程开始日期。

　　（3）当第一项工程任务为施工图设计（或详细勘察任务）时，总承包单位收到发包单位提供的施工图设计需要的基础资料（初步设计资料、初步勘察报告等）及约定的预付款项后的一定期限作为工程开工日期。

　　（4）因发包单位未能按约定提供基础资料、现场障碍资料等相关资料，或者提供的资料达不到勘察设计条件的，或虽达到勘察设计条件但未按约定支付预付款项的，以补充达到勘察设计所需要求的资料时间且支付预付款项后一定期限为工程开工日期。因总承包单位原因导致开工时间推迟的，以发包单位首次提供基础资料并支付预付款项后的一定期限为工程开工日期。

　　（5）发包单位无法证明提供第一项工程任务所需的基础资料、现场障碍资料的时间，也无法证明支付预付款的时间，且无其他相关证据证明实际工程的开始日期的，应当综合考虑工程总承包合同、设计评审纪要表、竣工验收报告或竣工验收备案表等载明的时间，并结合是否具备工程开始条件的事实，认定工程开始日期。

26. 竣工后试验是否影响实际竣工日期的认定？

答：根据《中华人民共和国标准设计施工总承包招标文件》通用合同条款的内容，工程总承包项目的竣工验收程序大致为：完成施工工作—竣工试验—提交竣工验收申请报告—竣工验收—出具工程接收证书—竣工后试验（如有）—竣工结算。其中，"提交竣工验收申请报告"和"竣工验收"环节对实际竣工日期的认定非常重要，实际竣工日期的外在表现形式就是接收证书所载日期、提交竣工验收申请报告的日期。

另外，根据通用合同条款的约定，"竣工后试验"是竣工验收阶段后进行的试验。竣工后试验程序在竣工验收程序后，在此时已签发接收证书，实际竣工日期已经确定，因此，"竣工后试验"并非实际竣工的必然要求，不影响实际竣工日期的认定。

27. 因宏观经济调控、政府行政命令所导致的工程停建、缓建该如何解决？

答：因宏观经济调控、政府行政命令所导致的工程停建、缓建，属于合同当事人在订立合同时无法预见、不属于商业风险的情势变更，《民法典》第 533 条规定："合同成立后，合同的基础条件发生了当事人在订立合同时无法预见的、不属于商业风险的重大变化，继续履行合同对于当事人一方明显不公平的，受不利影响的当事人可以与对方重新协商；在合理期限内协商不成的，当事人可以请求人民法院或者仲裁机构变更或解除合同。人民法院或者仲裁机构应当结合案件的实际情况，根据公平原则变更或者解除合同。"

第十一章

争议解决

1. 对工程总承包合同纠纷是否存在管辖问题？

答：最高院将建设工程施工合同纠纷纳入专属管辖是为了诉讼便利及经济原则，因此，工程总承包合同作为一种以施工为核心内容的特殊的建设工程合同，从诉讼经济原则出发，理应由工程所在地人民法院专属管辖，当事人约定仲裁方式解决纠纷的从约定。

需要注意的是，对于工程总承包合同的性质不能简单通过其外观来确定，而应根据其具体的内容加以判定。对于名为工程总承包合同，但总承包范围中不包含建设工程设计或施工内容，或虽有少量建设工程勘察、设计或施工内容但按其工程规模依法不需要报批报建的，则不宜认定为工程总承包合同，而应根据合同的主要权利义务确定其法律关系，并根据确定的法律关系加以适用法律及确定管辖。

2. 发包单位与同一个承包单位中的设计、采购、施工分别签订合同时需要注意什么？

答：发包单位与同一承包单位就同一工程分别签订的设计、采购、施工合同，一般属合同联立，少数情况下属于混合合同。在具体情况界定过程中，不应仅根据外观确定其性质，还要应根据具体权利义务内容确定其性质，并根据其性质确定法律适用及是否合并审理。

（1）如各合同所约定权利义务没有依存关系，或仅有一定依存关系时，则属合同联立，应当分别适用各合同相应典型合同的法律规范。如根据双方当事人的约定各个合同存在依存关系时，个别合同的无效、被撤销或解除等，将导致其他具有依存关系的合同一体遵循。因我国法律制度中缺乏关于诉的客体合并及强制合并的规定，因此只有在当事人同意的情况下可以合并审理。

（2）如各合同权利义务紧密牵连不可分割，则属于一个混合合同，应当分

别适用各合同相应典型合同的法律规范或是适用主法律关系相应典型合同的法律规范。因其属于单一合同，故一般也不能拆分提起诉讼或仲裁及审理。应根据各个合同所约定的权利义务的关系，确定其法律适用及是否应合并审理。

3. 合同联立和混合合同有什么区别？

答：工程总承包合同目前还不属我国《民法典》所规定的典型合同种类，所以，应以非典型合同来加以梳理、分析。在发包单位与同一总承包单位将工程总承包合同拆分为数个设计、采购、施工合同签订时，其性质可能的选择应为合同联立或混合合同。

"所谓合同联立，是指数个合同具有互相结合的关系。一种情况是单纯外观的结合，即数个独立的合同仅因缔约行为而结合，相互之间不具有依存关系。于此场合，应分别适用各自的合同规范……另一种情况是依当事人的意思，一份合同的效力或存在，依存于另一份合同的效力或存在。在不同场合下，各个合同是否有效成立需要分别判断，但在效力上，被依存的合同不成立、无效、被撤销或解除时，依存的合同应同其命运。"

"混合合同，是指由数个合同的部分而构成的合同。它在性质上属于一个合同。"因此，不能简单地从外观上以合同是一个统一的文本还是拆分为不同文本签订作为是合同联立或是混合合同的判断标准。

合同联立与混合合同的区别在于"混合合同系以两个以上有名合同应有的内容合并为其内容的单一合同，数个合同间有不可分割之关系。而合同联立系为数个合同便宜上的相互结合，并无不可分割之关系。决定了混合合同是单一的合同，而合同联立则是复数的合同………是否为一个或仅仅是数个独立合同同时成立，必须根据当事人意思表示才能加以确定。"合同联立和混合合同判断的标准，是多个合同之间是否依当事人的意思表示而不可分割。

如当事人确实在合同约定中将各个合同的权利义务设置为不可分割，则此时不能再作为复数的合同看待，而应界定为单一的混合合同，是一个统一的工程总承包合同。若各个合同关系可区分主从的，则应适用主法律关系相应的典型合同的法律规范；若各个合同关系无法区分主从的，则应分别适用各部分相应的典型合同法律规范。

4. 举证责任分配如何进行认定?

答:举证责任是指当事人对自己提出的主张有收集或提供证据的义务,并有运用该证据证明主张的案件事实成立或有利于自己主张的责任;否则将承担其主张不能成立的风险。依据《最高人民法院关于适用〈中华人民共和国民事诉讼法〉的解释》和《最高人民法院关于民事诉讼证据的若干规定》进一步就举证责任的后果进行了规定,并明确了举证责任分配原则。对于建设工程施工合同被认定无效的,如发包单位就工程质量不合格、建设工程逾期等造成的实际损失向总承包单位主张赔偿,则发包单位应当负有举证责任,总承包单位如要减免赔偿责任,则总承包单位应当对相应事实承担举证责任。同理,如总承包单位就停工、窝工等造成的实际损失向发包单位主张赔偿的,总承包单位应当承担相应的举证责任,如发包单位抗辩要求减免或不承担责任的,应当就其主张承担举证责任,即"谁主张,谁举证"的诉讼原则。

5. 举证责任包括哪些内容?

答:(1)损失应限于实际损失。就是合同无效后的赔偿责任属于缔约过失责任。由于缔约过失行为所造成的损失一般都是信赖利益的损失,而不包括尚未实现的利益。

(2)对方当事人存在过错。就是合同无效后,应当将根据当事人的过错大小,合理划分过错责任。信赖利益损害赔偿也适用过失相抵规则。

(3)损失与过错之间具有因果关系。就是民事主体只能为自己实施行为的损害后果承担责任,没有因果关系的损害赔偿责任是不成立的。

6. 如何理解质证?

答:所谓质证,是指当事人围绕证据的真实性、合法性以及与待证事实的关联性,针对证据有无证明力和证明力大小,进行说明和辩论的过程。质证虽然是当事人对对方证据反驳的过程,但也是法官通过诉讼各方的"反驳和攻击"

对证据予以审查的过程，从而对案件事实进行判断和裁决。故从诉讼活动的角度来看，质证环节是使法官得以利用司法权对鉴定意见这一证据进行审查，使法官回归为裁判者，防止"以鉴代审"的重要手段。

质证作为一个法定程序，应由人民法院组织进行。只要是当事人提交的证据，人民法院在采纳之前，都应当组织各方当事人进行质证，所以质证不仅发生在一审程序，也可能发生在二审程序。例如，在一审程序中没有委托鉴定、二审程序中委托鉴定形成的鉴定意见，二审法院应当组织当事人对鉴定意见进行质证。

7. 有争议的鉴定材料是否需要进行质证？

答：鉴定材料是提供给鉴定人进行分析、判断的资料，并据此得出鉴定意见的物质条件，是进行直接认识、分析、梳理、判断的对象。鉴定材料是否真实客观，直接影响到鉴定意见的准确性及证明力的大小以及采取的意见。比如，在工程造价鉴定中，若当事人在合同中约定按实结算，则当事人是否提交工程变更的资料、现场签证资料以及提供数量，直接影响工程造价的数额。为了保证鉴定资料的真实、客观，人民法院准许当事人的鉴定申请后，应当根据当事人申请及查明案件事实的需要，确定委托鉴定的事项、范围、鉴定期限等，并组织当事人对争议的鉴定材料进行质证，质证后再提交给鉴定机构。从程序上规范鉴定材料的提交，是为了让各方当事人了解鉴定意见据以作出的资料，防止出现因鉴定资料不真实、不全面导致鉴定意见不客观、不科学的现象。

8. 鉴定人直接将有争议且未经质证的材料作为鉴定依据的，如何解决？

答：这种情形下，人民法院首先采取程序上的补救措施，组织当事人就该部分材料进行质证，听取当事人的质证意见，经质证程序后，如人民法院认为该部分材料真实合法，能够作为鉴定资料的，则不影响对于鉴定意见的采纳；如果认为该部分材料存在疑点或存在其他情形，不能作为鉴定依据的，则对该材料做出的相应鉴定意见不予采纳，不能作为确认事件事实的根据。

由于鉴定活动是鉴定单位需要运用专门的技术、知识、经验和技能，对案件某些专门性问题进行分析，鉴别和判断后作出结论性意见的过程，鉴定时间相应就会较长，为了避免重复鉴定增加当事人的诉讼成本。所以，发生纠纷时对未质证的材料作为鉴定依据时，人民法院首先采取程序上的补救措施。

9. 对举证时对挂靠中说到的 "发包单位明知" 如何理解?

答：在实际操作中对"发包人明知"的事实结合当事人的举证情况综合判断。由于挂靠行为通常具有极强的隐蔽性，无论发包单位还是挂靠人、被挂靠人均不会主动承认挂靠的事实，各方都会极力掩饰挂靠的事实，从而逃避监管。一般情况下，实际施工人不会直接以自己的名义参与施工管理，而在发包单位签章的各类文件上只能看到被挂靠的施工单位的公章、项目部的印章或指定项目经理的签字，发包单位的工程款也是直接支付到施工单位账户上的，实际施工人同时留下痕迹的证据是很少的。这不仅会给认定"借用资质"的事实带来困难，更难以认定发包单位对此"明知"的事实，除非发包单位自己愿意承认"明知"。只有发包单位向挂靠人或被挂靠人主张权利时，出于对自身利益受到损失的，挂靠人或被挂靠人才会举证证明发包单位对"借用资质"挂靠施工的事实是明知的，进而减轻自己的损失。对于"发包人明知"的事实的举证责任自然属于挂靠人或者被挂靠人。

10. 一般情况下， 鉴定机构进行工程质量鉴定大致包括哪些程序?

答：(1) 受理审查：鉴定机构根据委托人的具体鉴定要求，对鉴定事项进行初步审查，判断鉴定要求是否可行、能否实现等。

(2) 确定委托：鉴定机构经审查确定受理后，由委托单位与鉴定机构签订委托合同或委托书。

(3) 成立鉴定专家组：参加鉴定专家组的人员应当具有相应鉴定资质。

(4) 制定鉴定计划和方案：明确鉴定内容、范围、工作步骤、监测方案等。

(5) 实地调查：鉴定机构组织鉴定人员实地查勘工程质量情况，审阅相关工程技术资料档案，并听取有关方面情况介绍，收集相关资料。

(6) 工程实体检测：对于需要通过实体检测确定质量的工程，组织或委派

相应检测机构对工程实体进行检测，出具检测报告。

（7）论证鉴定结果：依据工程实物质量查看情况和检测报告数据，计算分析、研究论证工程质量是否合格并出具工程质量鉴定文件。

（8）签发鉴定文件：通知委托方工程质量鉴定结果，正式签发工程质量鉴定文件。

11. 如何区分反诉与抗辩？

答：反诉是成立一个新的诉讼法律关系，必须与本诉源于同一事实和同一法律关系，其目的是抵消或吞并原告的诉请请求或使原告的诉讼请求失去意义；（是一种独立的诉），（被告必须交纳反诉案件受理费，法院必须依法对反诉请求作出明确裁判）。

而抗辩是被告针对原告的请求、事实、理由提出有利于乙方的事实、证据和理由，以否定原告的主张、维护自身合法权益，以便于法院审明事实、分清是非。需要注意的是，是被告反驳原告诉讼请求的一种手段、防御方法。被告不需要交纳诉讼费用，无论抗辩理由是否成立，法院都不需要对其另行作出裁判。

12. 哪些主张属于抗辩情形？

答：（1）被告仅以工程质量问题主张减少工程款。被告承认拖欠原告工程款，只是出于质量问题而要求减少支付，即被告的主张未超过原告诉讼请求范围，且属同一法律关系，而减少工程价款的主张虽然有支付内容，但实质仍是在原告主张工程欠款基础上的抵消主张，不具有新的独立的支付内容，所以理应认定为抗辩。

（2）被告提出原告在施工过程中存在偷工减料、未按图施工等情形，要求减少工程价款的。工程已经竣工验收合格被告提出原告在施工过程中存在偷工减料、未按图施工等情形，这说明工程质量存在相应的问题，要求减少应支付工程价款。同时，被告的主张不构成一个独立的诉，也未独立请求原告向其支付的内容，可以作为抗辩审理。

（3）被告因原告拒绝维修工程而另行委托他人修复后，主张抵扣修复费用的。建设工程质量不符合约定，原告作为总承包单位有维修义务。因原告拒绝修复、被告另行委托第三人修复后才通过竣工验收，与此同时，对原告主张工程结算价款的主张，被告提出在应支付原告工程价款中扣除相应的修复费用的主张。被告要求原告承担修复费用的主张虽可以构成一个独立的诉，但该主张未超出原告的诉讼请求范围。

需要注意，被告对该项主张有权以抗辩形式提出也有权提起反诉，被告有选择权，应尊重被告意见。对被告选择以抗辩形式主张扣除该笔质量修复费用时，人民法院应作为抗辩审理。不应该要求被告另行再提起反诉。

13. 哪些主张属于反诉或另行起诉的情形？

答：（1）发包单位要求承包单位支付违约金或赔偿损失的。依据《民法典》第 801 条规定："因施工人的原因致使建设工程质量不符合约定的，发包人有权请求施工人在合理期限内无偿修理或者返工、改建。经过修理或者返工、改建后，造成逾期交付的，施工人应当承担违约责任。"发包单位主张总承包单位承担违约责任或赔偿损失的诉求不仅明确具体，而且该主张明显超过了原告的诉讼请求范围，并具有独立的支付请求内容，具备"诉"的全部条件，属于独立的诉，应当作为反诉处理。

（2）发包单位要求承包单位赔偿因工程质量不符合合同约定而造成的其他财产或人身损害的。发包单位因建设工程质量瑕疵造成财产或者人身损害而向总承包单位提出赔偿请求的，该请求既超出原告请求范围，又具有支付内容，属于独立诉讼请求，发包单位可以另行再提起诉讼。因发包单位的请求为侵权损害赔偿之诉，总承包单位主张的工程欠款为建设工程施工合同纠纷，二者不是同一法律关系，所以也不能提起反诉主张权利，只能另行起诉。

（3）被告要求原告承担返修义务或赔偿损失的。原告主张被告给付工程欠款，被告提出工程存在质量瑕疵，要求原告进行返修或承担损害赔偿责任。此时，被告的主张已构成了一个独立的诉，且已超出了原告的诉讼请求范围，被告此种主张应属提出反诉，或者另诉。

（4）原告逾期完工，被告要主张工期延误索赔的。原告未按合同约定完工，导致工期拖延，产生工期延误损失。被告提要求原告赔偿工期延误损失的主张，已构成独立之诉，并超出了原告的诉讼请求范围，应作为反诉提出。

14. 建设工程价款纠纷一般如何解决？

答：依据《建筑工程施工发包与承包计价管理办法》第十三条规定："实行工程量清单计价的建筑工程，鼓励发承包双方采用单价方式确定合同价款。建设规模较小、技术难度较低、工期较短的建筑工程，发承包双方可以采用总价方式确定合同价款。紧急抢险、救灾以及施工技术特别复杂的建筑工程，发包、承包双方可以采用成本加酬金方式确定合同价款。发承包双方应当在合同中约定，发生下列情形时合同价款的调整方法。"首先应当依照双方合同约定的计价标准和计价方法进行结算，工程价款结算方式属于建设工程合同的重要条款，不会存在遗漏问题，所以，建设工程价款的结算一般均依照合同约定进行。如存在约定不明，或约定存在歧义的，双方应协商解决，协商不成的，可以通过诉讼方式解决。

15. 对人民法院委托鉴定单位出具的鉴定结论如有异议，是否可以重新鉴定？

答：当事人对人民法院委托的鉴定部门作出的鉴定结论有异议，提出证据证明存在下列情形之一的可以申请重新鉴定，人民法院应予准许：

（1）鉴定机构或鉴定人员不具备相关的鉴定资格；

（2）鉴定程序严重违法的；

（3）鉴定结论明显依据不足的；

（4）经过质证认定不能作为证据使用的其他情形。

需要注意对于有缺陷的鉴定结论，可以通过补充鉴定、重新质证或补充质证等方法解决的，就不支持重新鉴定。

16. 当事人在什么情况下算是放弃鉴定申请？

答：根据《最高人民法院关于民事诉讼证据的若干规定》第 31 条规定：

"当事人申请鉴定，应当在人民法院指定期间内提出，并预交鉴定费用。逾期不提出申请或者不预交鉴定费用的视为放弃申请。对需要鉴定的待证事实负有举证责任的当事人，在人民法院指定期间内无正当理由不提出鉴定申请或者不预交鉴定费用，或者拒不提供相关材料，致使待证事实无法查明的，应当承担举证不能的法律后果。"也就是说，对于有待证明事实负有举证责任的当事人，待证明事实涉及专门性问题需要鉴定的则该当事人负有申请的义务。如果该当事人未提出鉴定申请或未在人民法院指定的期限内提出鉴定申请，以及虽然提出鉴定申请却未预交鉴定费用的，应视为放弃申请，导致待证事实无法借助鉴定意见进行判断而真伪不明的，由该当事人承担不利后果。

17. 在什么情形下准许工程质量司法鉴定？ 哪些情形不准许？

答：（1）工程竣工验收合格后，总承包单位起诉要求支付工程价款，发包单位对工程质量提出异议并要求鉴定。对其要求鉴定的申请一般不应准许。原因在于，工程竣工验收通常都是由发包单位组织建设工程各质量责任主体，通过规定的程序进行的。竣工验收合格说明包括发包单位在内的各方责任主体对工程质量合格是确认的，所以，总承包单位在诉讼中提供了竣工验收合格证明，已经完成了举证责任，总承包单位有权要求支付工程价款。

（2）工程虽然未竣工，但已经由建筑质量监督检验部门出具质量合格的评定文件的，一方又申请工程质量鉴定的，应不予准许。质量合格与否，审核权在建筑质量监督检验部门，如果建筑质量监督检验部门已经出具了质量合格的评定文件，一方又申请工程质量鉴定的，应不予准许。

需要注意的是，工程竣工验收合格后，发包单位起诉要求承包单位修复质量缺陷或要求承担修复费用，还需要审查质量是否存在问题和问题产生的原因及如何修复，而工程经竣工验收合格的事实并不必然表明工程质量没有问题或总承包单位无须承担保修责任，所以，这种情况下应允许进行司法鉴定。

18. 当事人约定按照固定总价结算， 一方提出对工程造价鉴定， 是否可以？

答：发包、承包双方通过合同约定确定了固定总价模式，表明双方对建设

施工的风险是有预知的，同时考虑到合同履行中的引起价格变动的诸多因素，应当尊重当事人的意思自治。按照固定总价结算工程款，体现了公平原则，有利于防止出现不正当竞争的行为。如果一方当事人提出对工程造价进行鉴定的申请，不管出于什么样的理由，都不予支持。如果双方当事人均同意鉴定的情形，属于合同的权利和义务条款，对双方都具有法律约束力，在没有证据和事实推翻合同约定的情况下，应当按照合同约定执行，即使双方当事人同意通过鉴定的方式确定工程款，也不应予支持。

19. 合同无效造成实际损失该如何举证？

答："有损失有救济。"虽然建设工程施工合同无效，无过错方当事人有权就其实际损失要求过错方进行赔偿，但在有些情况下对于实际损失很难举证，如果是严格按照举证的规则处理，则对遭受损失一方当事人不公平，容易导致利益失衡。从平衡合同双方当事人利益的角度出发，在施工合同无效并且当事人双方在合同中对损失赔偿标准有明确约定的前提下，也可以参照合同约定赔偿损失。因此，在当事人无法举证证明实际损失的情况下，应当允许当事人请求参照合同约定的工程质量标准、建设工期、工程价款支付时间等内容来确定损失大小。这样处理并非将无效合同当作有效处理，而是寻找一种符合建设工程施工合同特点的损失赔偿的计算方式。

20. 合同约定的争议解决方式是否适用于实际施工人诉发包单位在欠付范围内支付工程价款的纠纷？

答：实际施工人诉发包单位在欠付范围内支付工程价款时：

（1）如果工程总承包合同约定的管辖方式和工程总承包单位与实际施工人签订的合同约定的管辖方式不一致，则受理的裁判机构不应违反工程总承包合同的管辖约定，以对总承包合同进行实体审理的方式查明发包单位欠付工程总承包单位的建设工程价款数额。

（2）如果工程总承包合同约定的管辖方式和工程总承包单位与实际施工人签订的合同约定的管辖方式一致，则受理的裁判机构可以对上述合同合并管辖，并以对总承包合同进行实体审理的方式查明发包单位欠付工程总承包单位的建设工程价款数额。

（3）人民法院合并管辖时，不得违反级别管辖的规定；仲裁委员会合并管辖时，必须征得各方当事人一致同意。

21. 工程总承包合同发包单位仅诉部分联合体成员如何解决？

答：依据《建筑法》第27条第1款规定："大型建筑工程或者结构复杂的建筑工程，可以由两个以上的承包单位联合共同承包。共同承包的各方对承包合同的履行承担连带责任。"《招标投标法》第31条第3款规定："联合体各方应当签订共同投标协议，明确约定各方拟承担的工作和责任，并将共同投标协议连同投标文件一并提交招标人。联合体中标的，联合体各方应当共同与招标人签订合同，就中标项目向招标人承担连带责任。"《房屋建筑和市政基础设施项目工程总承包管理办法》第10条第2款规定："设计单位和施工单位组成联合体的，应当根据项目的特点和复杂程度，合理确定牵头单位，并在联合体协议中明确联合体成员单位的责任和权利。联合体各方应当共同与建设单位签订工程总承包合同，就工程总承包项目承担连带责任。"根据上述法律及规范性文件等的规定，由联合体进行工程总承包的，联合体成员应当承担连带责任。所以，发包单位有权选择要求全部或部分的联合体成员承担责任。

需要注意如发包单位仅诉部分联合体成员，因不属于固有必要共同诉讼，其他联合体成员也不属于第三人，故法院或仲裁机构不能追加其他联合体成员，但发包单位同意追加的除外。

22. 当事人仅诉分包人、违法分包人、转包人、挂靠人的，裁判机构是否将总承包单位追加为无独立请求权第三人？

答：（1）依据《民诉法解释》第54条规定："以挂靠形式从事民事活动，当事人请求由挂靠人和被挂靠人依法承担民事责任的，该挂靠人和被挂靠人为共同诉讼人。"对于该条款，最高院认为："并不是说，实体上承担连带责任的，在诉讼中就全部列为共同诉讼人……连带责任并非固有的必要共同诉讼，而是

类似的必要共同诉讼……是否列挂靠人和被挂靠人为共同诉讼人，要根据当事人的选择。"所以，当事人仅起诉总承包单位或仅起诉分包单位、违法分包人、转包人、挂靠人的，裁判机构不能将其他当事人追加为共同诉讼的被告或被申请人。

（2）在不真正连带之债中，各个债务人的责任基础是不同的，不能直接适用连带责任的相关法律规范，因此，对于其诉讼地位的处理，并不能因为其采用了类似必要共同诉讼的处理方式，就否定其可以适用第三人制度。因总承包单位与分包单位、违法分包人、转包人、挂靠人之间，完全可能存在责任分配的问题，裁判者对其中一个当事人责任的认定，不可避免地会影响到对其他当事人责任的判断。根据《民事诉讼法》第56条第2款之规定："对当事人双方的诉讼标的，第三人虽然没有独立请求权，但案件处理结果同他有法律上的利害关系的，可以申请参加诉讼，或者由人民法院通知他参加诉讼。人民法院判决承担民事责任的第三人，有当事人的诉讼权利义务。"裁判者可以将其他当事人追加为无独立请求权第三人。

23. 如何对涉外工程总承包合同的管辖进行认定？

答：涉外工程总承包合同不适用工程所在地专属管辖的规定。

当事人约定选择仲裁方式解决争议的，应根据双方当事人的约定确定管辖。

当事人约定选择国外法院解决争议的，除非该约定属于排他性选择，否则中国法院有权管辖。

当事人约定选择中国法院解决争议的，可以约定由被告住所地、合同履行地、合同签订地、原告住所地、标的物所在地人民法院管辖。

当事人未约定争议解决方式的，对在中国领域内没有住所的被告提起的诉讼，由合同签订地、合同履行地、诉讼标的物所在地、可供扣押财产所在地、侵权行为地或者代表机构住所地人民法院管辖；对在中国领域内有住所的被告提起的诉讼，由被告住所地或者合同履行地人民法院管辖。

24. 如何理解签证的概念和构成要件？

答：（1）签证是发包、总承包单位或其代理人就施工过程中涉及的影响双

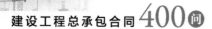

方当事人权利义务的责任事件所作的补充协议。在《建设工程工程量清单计价规范》（GB 50500—2013）和《工程造价术语标准》（CB/T 50875—2013）中将"现场签证"定义为"发包人现场代表（或其授权的监理人、工程造价咨询人）与总承包单位现场代表就施工过程中涉及的责任事件所作的签认证明。"现场签证又称工程签证、施工签证、技术核定单等。

（2）签证的构成要件至少应包括以下内容：

1）工程签证的主体为发包、总承包人及其代理人，其他主体签发的有关文件不属于工程签证；

2）工程签证的性质为发包、总承包人之间达成的补充协议，其成立并生效应满足一般合同成立并生效的要件；

3）工程签证的内容是施工过程中涉及的影响当事人权利义务的责任事件，包括工程量、工程价款、工期、工程质量等核心要素。

25. 如何界定发包单位、总承包单位、监理单位的代表签证效力？

答：依据合同通用条款和专用条款中一般需要明确发包单位代表的姓名、职务、联系方式及职权范围等事项，发包单位代表在授权范围内的签证具有法律效力。工程总承包的项目经理是总承包单位在施工工程项目上的代表，其在职权范围内作出的签证具有法律效力。

需要注意发包单位代表、总承包单位的项目经理在其职权范围内的签证是职务行为其效果分别归于发包、总承包单位，但在超越其内部授权时，需要考虑表见代理的问题。

监理单位人员签证的效力问题，依据《建筑法》三十二条第一款规定："建筑工程监理应当依照法律、行政法规及有关的技术标准、设计文件和建筑工程承包合同，对承包单位在施工质量、建设工期和建设资金使用等方面，代表建设单位实施监督"。监理人代表建设单位对总承包单位在施工质量、建设工期和建设资金使用等方面实施监督，监理对技术签证的签认属于其职权范畴，应为有效；但对经济签证的签认没有明确授权的，应当认定为无效。

26. 签证内容的确定性大致分为哪几类？

答：可以大致将其分为以下两类：

（1）不仅对于发生的变更事实予以确认，而且对于发生变更的费用也直接予以确定的工程签证，该类签证最有利于维护总承包单位利益，直接依照签证约定将计算进入结算即可，除非在规定的时期内，对方以"重大误解或者显失公平"为理由主张撤销并得到支持的。

（2）仅对变更的事实予以定性的肯定，但未对变更的费用予以定量确认的工程签证，在结算工程款时需按合同约定的变更估价和价格调整方法确定变更所涉及的费用。

27. 逾期签证是否会造成法律后果？

答：根据《建设工程工程量清单计价规范》（GB 50500—2013）的规定，总承包单位应在收到发包单位指令后的 7 天内向发包单位提交现场签证报告，发包单位应在收到现场签证报告后的 48 小时内对报告内容进行核实，予以确认或提出修改意见。发包单位在收到总承包单位现场签证报告后的 48 小时内未确认也未提出修改意见的，应视为总承包单位提交的现场签证报告已被发包单位确认。合同工程发生现场签证事项，未经发包单位签证确认，总承包单位擅自施工的，除非征得发包单位书面同意，否则，所发生的费用应由总承包单位承担。现场签证工作完成后的 7 天内，总承包单位应按照现场签证内容计算价款，报送发包单位确认后，作为增加合同价款，与进度款同期支付。

在实际的工作中，发包单位一般都很不情愿给总承包单位签证，所以很多总承包单位在合同签证条款中"逾期视为确认"的规定保护总承包单位的权利。如果是采用合同示范文本订立合同的，总承包单位只要能够证明向发包单位发出签证通知或提供资料即可利用"逾期视为确认"原则。所以总承包单位只要在合同约定的时间内提交签证单，并在法律意义上完成送达即可。发包单位不按照合同约定的时间给予总承包单位书面意见，发包单位将承担对其不利的法律后果。最好按照示范合同来签订，确保企业的权利和利益。

28. 什么情形下可以不进行造价鉴定？

答：（1）已完工程造价或者结算造价有书面证据的，双方代表已经签订确认。例如，在工程竣工的情形下，总承包单位提交了竣工结算报告后，发包单位对工程结算数额予以确认或发包单位进行了核减后，再由总承包单位予以确认或发包单位委托第三方进行审核，对于审定文件发包单位和承包单位均认可的。

（2）合同约定逾期未完成结算审核，可视为确认结算结果，或约定逾期未对审核意见提出异议，可视为确认审核意见，有证据证明合同约定的条件已经成就。

（3）合同约定以审计结论作为结算结果，审计的结论已经出具报告的，且审计结论未违反法律规定或合同约定的。

（4）双方当事人约定了按照固定总价结算工程价款的。

1）若约定的为固定总价，在工程已经竣工验收合格后，应依约确定工程价款。但如果工程在施工过程中发生了变更或索赔，而变更或索赔未包括在施工合同约定的事项范围内的，如果双方对此仍有争议，应视情形决定是否还需要进行鉴定。

2）如约定的为固定单价，在工程已经竣工验收合格后，按照工程量或工程面积可以确定，应依约以固定单价乘以工程量或工程面积计算得出工程价款。

参 考 文 献

［1］中华人民共和国建设部. 全国统一建筑安装工程工期定额［M］. 北京：中国计划出版
　　社，2000.

［2］常设中国建设工程法律论坛第十工作组. 建设工程总承包合同纠纷裁判指引［M］. 北京：
　　法律出版社，2020.

［3］最高人民法院民事审判第一庭. 最高人民法院新建设工程施工合同司法解释（一）理解与适
　　用［M］. 北京：法律出版社，2021.